投資前一定要
學會的獲利思維

如何避免決策偏誤與建立合理的常勝原則

주식은 심리다:

투자하는 정신과 전문의의 돈 버는 주식습

崔森旭 최상욱　著

劉育辰　譯

目錄
CONTENTS

PART 3

令我投資困難的偏誤

PART 4

投資成功的第一階段：我是什麼樣的投資者？

PART 5

投資成功的第二階段：親近集體智慧

目錄
CONTENTS

PART 8

投資成功的第五階段：成長為有價值的投資者

PART 9

為明智的投資者準備的股票成癮逃脫記

序言

　　若干年後，如果讓人們選出不想再回去的一年，那 2020 年應該會榜上有名吧？從這天開始席捲全球的新冠肺炎大流行，是摧毀了許多生命、改變了我們日常和生活方式的一個巨大漩渦。隨著大多數國家的感染人數急劇增加，我們不得不中止或減少日常活動的社會經濟。此外，對感染的焦慮化成對他人不信任和憎惡的表現，以及許多表示隨著獨自在家的時間增加而感到煩悶和憂鬱，導致了心靈危機的產生。特別是許多自營業者蒙受了嚴重的經濟損失，但在社會安全的考驗面前卻不得不忍受著這些痛苦。人們因無法做生意或失去工作而斷了收入，他們在往後的日子充滿不確定的情況下，感到了焦慮和絕望。

　　新冠肺炎大流行的餘波也像颱風一樣席捲了金融市場，一場戰爭一般的腥風血雨正在展開。2020 年 2 月，全球股票市場如同受到轟炸一般暴風式跌落而陷入恐慌，幸運的是金融業或經濟的基礎並沒有像 2007 年美國次貸危機那樣一夜

之間發生巨變崩塌，這次的恐慌被認為僅憑病毒感染造成。而事實也是，隨著經濟活動萎縮、消費減少、工廠停工致使供應減少、油價暴跌，以及企業甚至需要擔心破產的狀況，接二連三地發生了。然而，在這其中卻有有趣的事情發生了對吧？即使在餐廳和遊樂園因感染者增加而關閉，企業盈利因消費下跌而不可避免地減少的情況下，股價觸底後居然迅速回升，甚至超過暴跌前的價值而轉換為多頭市場的格局。由於史上最低利率環境和量化寬鬆政策併同擴張性財政政策，市場上資金大幅增加，美國股票市場中所謂的科技巨擘煥發蓬勃生機，國內市場則出現了個人投資者大舉進入股票市場，夢想著獲得致富機會的社會現象。

　　在這樣的社會風氣和金融環境下出現了過多的熱錢，這可能會進一步加劇社會經濟資源分化的擔憂，而在投資方面也不例外，分成了能夠獲取經濟相關情報並進行投資之人與無法獲取情報之人。一直以來，與其他資產相比，房地產被公認為韓國社會最好的投資標的，而股票市場則是不斷被貼上個人投資者墓地之負面評價標籤也是事實。然而，在即使呈現暴跌之勢的 2020 年股票市場，被稱作所謂的東學螞蟻之個人投資者依然大膽地跳入其中並成功獲利，這點與過去的情況確實截然不同。截至 2021 年初，韓國綜合股價指數

和科斯達克指數 KOSDAQ 均創歷史新高，在新聞報導中也可以看到在這樣的牛市中獲利的人有很多。然而，根據資本市場研究所 KCMI 的數據，他們在 2020 年 3 月底至 10 月之間，扣除交易費用和稅金後的淨損失為 -1.2%，與該期間韓國綜合股價指數 KOSPI 上漲約 30% 的事實相比，令人有些震驚。最終，2020 年獲利的投資者們也面臨了近乎所有股票都會上漲並獲利之牛市的結束，而轉變為投資成果會根據各企業的實績而隨之不同的局面，且在市場行情面前也面臨了獲利幅度急劇減少的情形，因而開始探討 2020 年獲利的真正原因，究竟是是運氣還是實力呢？

在資本主義國家，為利產業和企業發展、資金流動、人民財富累積，健全的資本市場發展至關重要，尤其是與先進國家相比，金融市場發展相對緩慢的韓國更是如此。然而與此同時，股票市場於個人層面來說卻也可能帶來巨大的痛苦。當然，在 2020 年這樣的牛市中蒙受損失的人或許很多，但投資失敗的人在過去就已經一直存在。他們幾乎不具備投資應有的態度，在缺乏基本知識的情況下，使用未經確認的情報，或為了跟風他人而在毫無準備下急忙地跳入股票市場，大部分的人都會因此蒙受巨大的損失。

相反，聰明而有熱誠的人不會盲目地股票投資，而會

閱讀並學習投資高手和專家們撰寫的好書，這本身就是一件令人高興的事情。但是，對於擁有本職的一般投資者，我們則應該要思考是否真的有必要整天只涉獵經濟新聞、SNS、YouTube 節目，或一有空就拿起手機確認股票情況，如此地影響日常生活。

不過話說，為什麼即使花費如此多時間和熱誠來學習，投資卻仍會不如意呢？用理性的判斷武裝自己，涉獵偉大投資者的經驗之談，是否就都能成為成功的投資者呢？即使平時大致上能做出合理的判斷，卻在像投資股票一樣的關鍵時刻，做出不合常理決定的理由究竟是什麼呢？

看到從小開始努力訓練而成功的運動員們、一生致力於學問之路並取得成果的學者們、經過長時間研究開發出全新IT 技術的工程師們，就能看到付出多少努力和汗水就會得到多少回報，並且當一個人努力的事情到達一定水平後，大致上就已經能對自己所做的事情，於某種程度上預測出對應的成果價值。然而，股票投資的世界則與此有許多不同之處。即使經濟與金融知識淵博並擁有長時間的投資經歷，對比之下的成果卻也不一定是好的，反而更多的是失敗。歷史證明，於某年獲得高收益的基金經理，要能夠每年持續下去會是非常困難的一件事情，藉由這一個例子便不言自明了。能夠像

彼得・林區的麥哲倫基金一樣連續 13 年獲利，在歷史上反而會被認定為是特殊的情況。著名的經濟學家、針對投資努力鑽研的人、擁有許多投資相關情報的人，都被認為應該可以在投資領域內取得成功，但實際上並非如此。發現古典力學為世界運轉原理之一的天才型學者艾薩克・牛頓，也在投資中經歷了巨大的失敗，留下了著名的一句話：「我可以計算出天體運行的軌跡，卻算不出人性的瘋狂。」這麼聰明的人也會變成傻瓜的地方，正是股票市場。

大家都知道應該要買在低價、賣在高價，但為何卻沒有按照知道的那樣，反而買在高價、賣在低價呢？而且，即使知道戰勝市場的基金經理比例連 50% 都不到，為何認為自己可以獲得比市場平均更高的收益呢？再加上每年年底，幾乎所有證券公司都會預測隔年的股價，投資者們雖然知道這些預測幾乎不曾正確，我們又為何還是會關注他們發表的內容呢？

這些問題的答案之一，就是人類進行投資的大腦不按照邏輯和規則行動的緣故。其實這是大家都知道的祕密，但我們大腦的決策過程本來就是如此。從幼稚園開始就學會了要遵守交通信號，但我們無法每天都那樣生活，對吧？投資之路也差不多，很難按照自己所知道、所下的決心去行動，

雖然我們瞭解為了成功投資，需要多方面學習總體經濟和景氣循環方面的知識與企業分析能力等，但對於真正投資的主體——自己，深入瞭解的人似乎少之又少，也就是指深入瞭解自己究竟是如何做出決策的這件事。由於經濟理論或專家的經驗，並不會直接反映在自己的投資成果上，所以應該要通過投資者自己進行決策，而後再以實際行動表現出來。因此，要想投資成功，僅靠學習經濟知識是不足的，反而更需要的是學習如何培養「思考投資的能力」。

本書中出現的「明智的投資者」是指瞭解投資世界中自己的思考方式和情緒處理方式後，以此為基礎針對投資發展出屬於自己的想法並將其習慣化，進而成長的投資者。那麼，為了成為明智的投資者，需要學習和練習的知識與智慧是什麼呢？我試圖在這本書中找到諸如此類提問的答案。

然而在那之前，有件事情想先向大家釐清。本書無法告訴大家投資股票大獲成功的祕訣，雖然投資需要總體經濟的知識或企業分析能力，但本書並沒有涉及這類知識，因為筆者並沒有那種能力。反而在本書中，我想幫助的是，行為魯莽得像是在賭博一樣的投資者，或是熱衷於尋找學習經濟知識卻投資失敗的人。再次強調，個人投資者需要的不是非常厲害的總體經濟知識或企業分析能力，而是能夠自己建立出

投資想法與原則的能力。從這個角度來看，本書是以擁有本
職工作同時又想要投資的一般投資者為對象而撰寫，且特別
向以下類型的讀者推薦本書。

· 剛開始投資股票卻不知道如何調整心態的人
· 努力學習經濟知識卻未獲優異投資成果的人
· 投資股票時因焦躁不安而隨時確認漲跌的人
· 毫無基本原則且經常衝動買賣股票的人
· 因股票成癮而痛苦不堪的人
· 因股票投資失敗而鬱悶和憂鬱的人
· 想在投資和生活中找到平衡並成長的人

　　我既不是主修經濟學專業，也沒有證券公司工作經驗，
我只是個精神科醫師，直到開始撰寫投資文章之前曾有過許
多苦惱，但我還是鼓起了勇氣。本書參考了過去 20 年間臨
床經驗中，所遇見無數因股票問題而讓自己與家人生活變得
痛苦的人，縱然沒有什麼了不起的事蹟，但以個人的投資經
驗及參考各本好書與各項研究結果，在本書中記錄下成為明
智的投資者的旅途中所需做出的誠實回答。
　　希望本書能對想要培養自行思考能力之未來的明智的投

資者帶來些許幫助。

閱讀之前

為了股票投資的事前檢查

問題 1 買進的各支股票合計共損失 **30%**，什麼樣的應對方法才是最好的呢？

1　在 YouTube 上搜尋專家的影片並比照進行。

2　可能的話盡快止損賣出。

3　不要著急進行交易，試著分析造成損失的原因。

4　到了回漲的時候了，再等等看吧。

問題 2 一般來說投資股票時會持有一定的現金部位，此時能夠想到的影響中下列何者不正確？

1　未用於投資的現金反而屬於機會成本，所以並不提倡。

2　暴跌時可以獲得低價買進的好機會。

3　抱著即使股價下跌，也可以以更便宜的價格買進股票的想法，以此來獲得心理上的安定。

4　持有現金的話，可以比沒有現金時更客觀地看待市場。

問題 3 下列選項中，描述投資股票時存在過度信任的情況，與此相關的錯誤偏誤為何？

1 後見之明偏誤

2 錨定效應

3 沉沒成本效應

4 損失趨避

問題 4 人們投資股票時總是執著於股票論壇、相關 SNS 或節目的理由，下列何者為非？

1 為了迴避對於不確定性的恐慌

2 平時即有慣性依賴的投資習慣

3 認為與大眾同流的話可以減少不安感

4 群體的想法總是不會錯

問題 5 買進所謂的股票投資專家告訴你的股票標的，一般會出現的最終結果為何？

1 發大財

2 心理依賴

3 改善投資心態

4 領悟股票投資方法

問題 6 下列何者不是賭博式股票買賣之人的特徵？

1　經常進行融券和貸款

2　主要買賣主題式股票和暴漲的股票

3　徹底分析企業後再行買進，且至少投資數月以上

4　不告知家人買賣股票之事

問題 7 下列何者不符合一般股票成癮者的特徵？

1　股票買賣太刺激了，一整天都在看盤

2　向家人隱瞞股票實情及損失程度

3　儘管買賣股票屢屢出現虧損，但為了撈回本錢，借錢後再次投資股票

4　承認自己的股票投資方式有問題，停用證券帳戶

問題 8 下列何者非有助於個人投資者獲得長期成功的良好習慣？

1　保持記錄買賣日誌的習慣

2　參考經過驗證的專家之經驗和建議，擁有自己的投資方法並表現出對結果負責的態度

3　時刻留意股票市場的不確定性與進行風險的管理

4　根據小道消息和論壇上收集的情報進行買賣

問題 9 每次投資股票時都會出現損失，已經損失 **3** 次以上，帳戶裡已經沒有錢了。今後應該採取什麼樣的行動呢？

1　從金融機構貸款追加買進

2　上網向有名的論壇尋求建議

3　思考損失的原因，查閱相關書籍或諮詢專家

4　停止投資

Ⓐ 1, 2　　Ⓑ 1, 3　　Ⓒ 2, 3　　Ⓓ 3, 4　　Ⓔ 1, 4

問題 10 想要相對平穩地投資股票的人最好是？

1　不要想著猜中短期股價的上漲和下跌。

2　為了儘快獲得財富自由，伺機投資可能暴漲的股票標的。

3　投資是實戰的世界，閱讀股票相關書籍實屬多餘。

4　比起透過投資快速賺錢，更想透過持續的投資享受複利

Ⓐ 1, 2　　Ⓑ 1, 3　　Ⓒ 2, 3　　Ⓓ 3, 4　　Ⓔ 1, 4

問題 11 請閱讀下面的例子，選出不是持續妨礙投資的行為。

　　某位 40 多歲上班族金○○先生於 4 年前開始投資股票，但在虧損後便停止投資了。然而從 2 年前開始，搜尋了在 YouTube 上專家們的節目，找到了非常擅長預測行情的投資專家而正式重新開始了股票投資。剛開始雖然有些微獲

利，但隨著一次性損失鉅額本金的情況間歇而反覆地發生，最初以 5,000 萬韓元開始的存款帳戶幾乎消耗殆盡。在帳戶裡還剩 500 萬韓元左右的情況下，為了挽回本金而決意要繼續投資，最終成為了一名窮光蛋。雖然曾因痛苦的心情考慮過中斷投資，但卻因為認為自己「已經按照專家的要求做了，只是在實踐上出錯了才會造成損失」所以仍然繼續著。為了儘快挽回損失，甚至還向第二金融圈（註：信用金庫和信用合作社在韓國被稱為第二金融圈）和高利貸借錢後又重新開始了投資，然而因此遭受了更大的損失並患上嚴重的憂鬱和不安，最終家人說服他接受了醫療諮詢。

1　借了無法負擔的貸款去投資

2　過度依賴專家，缺乏自行學習能力

3　向家人隱瞞了投資的事實

4　未能應用沉沒成本效應

正確答案：問題 1-3）、問題 2-1）、問題 3-1）、問題 4-4）、問題 5-2）、問題 6-3）、問題 7-4）、問題 8-4）、問題 9-D、問題 10-E、問題 11-4）

PART

個人投資者感到困難的
眞正原因

〈將股票看作容易之事的金代理的故事〉

　　金代理今天又度過了忙碌的一天準備下班，同事朴代理突然以一個明朗的表情問他：「金代理，你今天有時間嗎？我請客。」金代理想著久違地喝一杯好像也不錯便答應了。在喝完第二杯後的金代理問：「朴代理，你是發生了什麼好事嗎？看起來心情很好啊！」「嗯，只有你知道就好。其實前幾天買的股票漲了一些，所以我才請客的，下酒菜也點些好的吧！」漲紅的臉和大嗓門不像平時虛弱無力的朴代理呢！

　　金代理回到家後坐在沙發上，想起今天部長的嘮叨和剩下一個月期限的項目而心情沉重，想到為了領微薄的薪水在公司受著這些壓力的自己，覺得非常地寒酸。突然想起了今天見到的朴代理——「我要不也重新投資看看吧？」三年前損失慘重而放棄股票投資的金代理，再次開始上網瘋狂地搜尋相關資料。隔天，便向朴代理詢問了關於買進投資標的的問題，「就只能你自己知道喔，以後還會漲的，賺了錢之後要請我吃飯啊！」朴代理這天也是自信滿滿。

　　金代理在現在這一刻感到無比期待，因為他瞞著妻子偷偷將帳戶中的 1,000 萬韓元緊急備用金，在九點開盤後立即

買進了○○○○股票。股票的走勢在不斷波動後一次性暴漲上去了呢！「哇，就是為了這個感覺才炒股的啊！紅色竟是這麼美麗的顏色嗎？」呼吸急促心臟又撲通撲通地跳，「現在我的人生也開始順遂了啊！」這是對第一次經歷的喜悅感到滿足的金代理。

1萬韓元的股價在一週內變成1萬4千韓元，其實金代理原本是計劃漲到1萬4千韓元時就出售該股票，但突然想起了朴代理的話：「會翻倍的，有許多利多消息。」因為腦中迴盪著這些話，產生了更多的慾望。不安的心情也只是暫時的，懷揣著過度膨脹的夢，想著：「是啊，當然不能在這裡賣掉。就先試著相信，等到翻倍後再賣吧。再等等吧，這是多少錢啊？2,000萬韓元啊！買一輛一直沒能買的公路車，再給妻子買一個名牌包也還會剩下的錢啊！不，要不趁此機會換一輛車吧？」三天後，朴代理急切地叫了金代理，「出什麼事了？」「出大事了！新聞上說○○○○公司本季度的業績比預想的還要好。」「所以有什麼問題？我們不就是覺得會那樣才買進的嗎？」金代理反問道。「但奇怪的是股價下跌了很多。雖然小道消息是說要接著買進，但節目裡建議賣出的消息好像才是對的，得快點賣掉了。」朴代理用顫抖的聲音說道，面帶蒼白的臉色發抖著。那一瞬間，金代理也

急忙打開手機打算脫手，但股價已經跌到了 1 萬 2 千韓元左右。

「不，在這裡賣的話，之前賺到的錢不就都飛了嗎？太可惜了，我實在沒辦法，過幾天會漲回來的。」然而與金代理的期望相反，股價雖然不是大幅下跌，但之後的日子都在微幅下跌，金代理的心情當然也越來越沉重。比喻起來像是穿過恐怖的森林，進入憂鬱的沼澤一般，現在已經不是獲利與否的問題，而是迫切希望至少能恢復本金的想法。回到家後沒有力氣也沒有胃口，在公司的時候也沒有在聽部長指示的這一刻，後悔著當初應該要趕快賣掉，就是因為自己太貪心了，然而已經為時已晚。

這之後金代理是怎麼做的呢？再等一陣子股價仍然沒有上漲，降到 7,000 韓元之後就再也受不了了，最終賠錢賣出。損失了 30%，也就是損失了的 300 萬血汗錢。雖然自責被朴代理的誇耀迷惑而魯莽的自己，但一切皆已成定局了。

是的，這是個虛構的故事，但我們周遭經常可以看到像金代理這樣的人。金代理股票投資失利的原因是什麼呢？簡單來看也能馬上看到幾個問題。只聽別人的話就急忙開始投資、買與賣皆被情緒所左右、未經企業分析過程而只看股價進行交易、沒有分散投資、瞞著妻子偷偷進行投資等問題。

一言以蔽之，完全沒有投資應有的態度和原則。今日，為了無數個金代理不再重演魯莽的投資，應該要乾脆地放棄股票投資，或者認真學習經濟知識。然而，實際開始投資後，那些毫無分寸的行為卻又會再次重演，究竟投資者反覆失敗的原因是什麼呢？我們將在本書中努力尋找答案。首先，我們透過金代理的故事可以確認的是：股價上漲前的期待感、上漲時的興奮感、自己選擇的股票股價上漲時的滿足感和自負感；相反，股價下跌時的不安、急劇下跌時的恐慌，還有不再上漲時的憂鬱和絕望……這些都是投資過程中人們會出現的情緒和左右情緒的念頭，並且如果人們的興奮和恐慌因此聚集在一起，將會引發泡沫的產生，也就是引發危機。

　　那麼，從現在起就正式開始談論股票市場和其中出現的人類心理吧！

01

金融市場的最小單位：人

　　人類支配和治理其他生物的原因是什麼？雖然根據《聖經》的創世記，人類可能是依循神的命令本就該被如此創造出來，但歷史學家尤瓦爾・諾瓦・哈拉瑞 Yuval Noah Harari 在他的著作《人類大歷史》中表示：「人類發明的東西中最普遍、最有效率的相互信任體統正是『錢』。」並提出對金錢的發現加以佐證。換句話說，他在人類能夠發展文明並支配其他生物的原因中，強調了金錢的發明與使用這點。文明之初，金錢主要被用作支付工具，特別是希臘的亞里斯多德表示，金錢只能單純地作為交換的媒介使用，收取利息的行為非屬金錢的用途。由此思想可見，高利貸在基督教和伊斯蘭教的傳統中，也被視作是禁止或不正當之事。

　　然而，現在誰不是把錢當作交換工具，同時又當作財富儲存或移轉的工具呢？農夫種植農產品後收成換作錢，並用這些錢送孩子上大學；如果搬家到市中心的話，帶的也不會是水田，而是先換作錢之後才會搬家。人們之所以會想要擁

有用途如此多的錢，正是因為其他人也需要錢，也正因為錢有這些用途，市場才得以形成。

那麼重新回到尤瓦爾·諾瓦·哈拉瑞的想法，可以做到像這樣達到交換、儲存或移轉的目的並非是透過金錢的實體實現什麼，而是因為金錢具有虛構且屬於心理上建構出的產物之特性。即使錢到了我手裡，也不會是以一沓錢的形式收到，而是如同只留下數字後又再次消失的薪水一樣，以此比擬便能清楚明白。金錢和金融市場與人類社會一同發展，金錢的價值並非物理性的，而是基於相互信任體系創造出心理上的價值，不覺得這點很有趣嗎？

要想瞭解金錢和金融市場，就如同在生物學領域為瞭解生物體便要研究最小單位的細胞一樣，我們必須要熟悉金融市場最小的單位：「人」。那麼，人究竟是什麼樣的存在呢？其實人本身就是讓人難以理解的存在，雖然我作為治癒人心的精神健康科醫生已經 20 年以上，但我仍然會認為理解人心似乎是一件複雜又不容易的事情。一起生活了 40 年的老夫婦至今仍互相吵吵鬧鬧，奶奶對爺爺說：「哎喲，我該去死了，這樣才不用再看到你這個冤家啊。」但當看到奶奶準備早飯的樣子，我想誰都很難完全理解奶奶的真實想法吧？

02

像人心一樣複雜的股票市場

❶ 股票市場的登場

在我度過的七〇～八〇年代，弘大前面有個西橋市場和新橋市場。我記得放學後都會和朋友們一起去市場吃炒年糕和魚板，大人們也會在那裡買晚餐的鯖魚、醃漬泡菜用的白菜，但對於年幼的我來說，除了炒年糕和魚板外，其餘東西都入不了我的眼。隨著歲月的流逝，最近去大型超市的時候，小時候連看都沒看過的多種食物和生活用品，都以令人眼花撩亂的規模在等待著顧客。其實隨著網路購物的發達，連去大型超市的需求也逐漸地消失，現在已經是只需要動動手指，食物、品牌服飾甚至外國商品也能漂洋過海，準確地送達家裡的世界。真是個了不起的世界，對吧？

但是長大後，我發現除了小區傳統市場、大型超市、網路購物網站之外還有另一個市場，那就是股票市場，顧名思義就是買賣股票的市場。初期股票市場是買賣載明了股東權

利之紙本證券的地方，據說始於 1792 年的紐約證券交易所，初期形態是聚集了約二十名證券經紀人後開啟了市場。也許當時他們會圍坐在一起互相開玩笑，當然有時也會真摯而沉重地進行交易吧？相反，最近的股票市場已經是個即使沒有直接持有紙本證券，主管機關也會自動介入管理的一個體系；也就是說，即使物品（股票）不直接快遞到我家，這裡也是可以暫時或長期保管的一個好倉庫，且是個倉儲面積無限大的倉庫。更進一步地說，因為是在網路上進行股票買賣，在韓國也可以進行美國股票市場的交易；即便不是專門的證券經紀人，我也可以自己直接進行買賣，現在已經變成了這樣一個方便的世界。這樣的世界市場既會相互牽起手，也會相互放開手，每當那斯達克指數上升的日子，紐約就會亮起幸福的綠燈，這種興奮會越過太平洋，隔天立刻傳到了韓國。

那麼試想看看，所謂市場是個什麼樣的地方呢？消費者期望以低價買到好東西，供給者想將自己的東西以適當的價格出售以持續賺取利潤，這就是市場。可以說是利潤動機和消費動機交會的地方，因而這裡只能成為許多人的動機，即需求（慾望）和期望相遇的地方。市場上所謂的價格，可以定義為「買方為購買商品而向賣方支付的錢」，換句話說，也可以看作是買方和賣方想法一致後所形成的商品價值。

　　大家在買衣服的時候會考慮什麼呢？品牌的名聲、最近的設計趨勢、價格、季節因素、個人取向、家人或另一半的喜好，甚至連那天的心情都會影響選擇的過程，對吧？明明可以一週後再買的東西，卻非要今天就買；或者本來是為了買喜歡的白色系衣服，卻因架上展示的華麗襯衫呈現的視覺刺激而衝動購買。如果有過這些情況，便能瞭解就連買衣服也會有許多因素介入其中，甚至有經過自己深思熟慮後想選擇的衣服，最後也可能沒有購買它的情況。聽起來會覺得這是什麼奇怪的話吧？舉例來說，某個人幾天前偶然在電視上的某衣服廣告中看到了像鄭雨盛和李政宰一樣帥氣的電影演員，在那一閃而過的畫面出現時邊想著：「真是不錯的衣服啊！」那件衣服無意識地在那個人的腦中佔據了一席之地，因此之後在百貨公司選擇了顏色和設計相似的衣服，卻有可能直接誤以為是自己所做出的選擇。然而這種情況下，是我自己做出選擇的嗎？還是廣告讓我做出選擇的呢？有點複雜呢！人們的需求雖然是有意識地表現出來，但大致上都是以連自己都不知道的方式無意識地在運作著。

❷ 由人心聚集而成的股票市場

　　然而，這樣的股票市場也和一般市場有著相似之處。股票市場終究也是人與人相遇的地方，每個人的心理對心理（需求對需求、慾望對慾望）匯聚的地方。有些人會苦惱「如何以更便宜的價格買到慾投資企業的股票」，也有些人會試圖探究「我所擁有的股票中，出售哪支股票才可以獲利？」

　　在股票市場中，無論如何徹底分析利率、匯率、物價等多種社會經濟條件、企業財務報表與基本的內在價值，或看著記錄過去股價趨勢的圖表並採用多種方法分析，最終買賣還是由人來進行。決策過程的最終產物「買賣」，歸根結底是因人類大腦活動後做出選擇的結果。如果從心理學的觀點來看待買賣相關的大腦活動，就能知道大腦在這個過程中，有意識或無意識的慾念正在作動著。因此，在沒有瞭解表露大腦活動的心理之前便進行投資，無異於在沒有導航或地圖的情況下行進於陌生路線的行為。

❸ 一脈相連的股價與價值

　　在理解股票的價格／股價之前，先談談商品的價格吧？所謂價格可以說是「買方為購買商品而向賣方支付的錢或價值」；那麼，股價也可以說是「買進方為了購買企業的股票

而支付給賣出方的錢或價值」，對吧？但是，果真如此嗎？舉例來說，某企業某天的股價是每股 20 萬韓元，隔日就變成 16 萬韓元，銷售額和淨利潤都不變，現金流也不變，資產也不變，那麼股價為什麼會跳水呢？這證明了股價不能單純地等同於企業的績效或價值，股價與公司的價值間，像由數百米長的繩子連結兩端，雖然有時候會友好地一起前進，但大部分的時間卻會是其中一方走在前頭。

❹ 未經協議就不是股價了！

股票市場中存在著買進方、賣出方和觀察者三個群體，買進方總是會期望盡可能地以低價買進，賣出方則總是會期望以高價出售。如果雙方都固執的話，買賣就無法成立，那麼價格看來很難決定了呢？緊張的氣氛正在蔓延著，從這裡開始就已經展開了心理戰。每個人都會考慮對自己有利的方法，有人將這個過程稱之為協商，也有人會稱之為濺血的戰爭。有趣的是：著名分析師會評價一家企業的價值並判斷目標股價，但每每評價的價值都不同於目標股價。況且，即使買進方、賣出方和觀察者同時參考某特定報告書中提供的目標股價，最終的想法和行動也會各不相同。

　　下表是在美國股票市場中上市的特斯拉 TSLA 目標股價。眾所周知,特斯拉是以電動汽車和無人駕駛技術而為人熟知的企業,因此也有很多投資戶大量投資該企業。2021 年 1 月 8 日,當時三十二名分析師中有十二名持賣出意見、十二名持繼續持有的意見、八名持買進意見,各自發表了不同的主張(表 1),再加上 1 月 8 日的實際股價為 816 美元,比分析師們的平均目標股價 311 美元高出 61% 之多。上漲趨勢越是鮮明的企業,分析師們的目標股價差距就會越大,但這樣股價差異實際上意味著什麼呢?

表 1　特斯拉目標股價(以 2021 年 1 月 8 日為基準)

	當日	30 日前
TSLA 協商意見:	繼續持有	繼續持有
TSLA 協商意見分數:	1.88	2.03
TSLA 分析師意見:	12 名持賣出意見 12 名持繼續持有的意見 8 名持買進意見	11 名持賣出意見 10 名持繼續持有的意見 10 名持買進意見 1 名持強烈買進意見
TSLA 協商後之目標股價:	311.75 美金	284.01 美金
TSLA 目標股價上升情形:	下跌 61.80%	下跌 22.39%

　　另一個參與決定股價的主體是觀察者或稱等待者，賣出方和買進方只要稍微猶豫一下，他們隨時會準備趁機買進或賣出，股價說到底是買進方、賣出方和觀察者在一瞬間達成協議的股票價值，也就是將很多人的決策過程透過行動體現出來，透過價格表現出來。當然每個人的內心都不一樣吧？前面雖然提到了特斯拉的目標股價，但買進方是期待股價相比現在價格繼續上漲，而賣出方則是預測股價會比現在價格下跌，觀察者則是認為現在還不是介入這場交易的時候而仍在觀望。沒有經過任何討論，但各自不同的想法匯聚在一起後形成了一個股價，真的非常有趣。而且，各自之間的協議是瞬息萬變的，從買賣程序來看，會出現跳動點 tick[1]，前面提到每個協議的瞬間會描繪出多變的 tick 圖，所有跳動點 tick 匯聚後會成為成交量，而根據多少人達成了協議會決定成交量的多寡。成交量是 100 即代表達成了 100 次協議；交易量是 1,000 萬，就相當於達成了 1,000 萬次協議。因此，不僅是股價，交易量也可以作為表現群體心理的指標。

---

1 一次最小價格跳動之成交單量。

❺ 股票市場複雜無比的原因

　　那麼，學者們對股票市場的看法是如何呢？芝加哥大學的尤金・法馬 Eugene Fama 教授與拉爾斯・彼得・漢森 Lars Peter Hansen 教授、耶魯大學的勞勃・席勒 Robert Shiller 教授一同獲得了 2013 年諾貝爾經濟學獎，他主張的效率市場假說，概括地說明就是假設金融市場是有效率的。此處所說的效率性是指訊息的效率性，意即深遠地影響股價的訊息，合理地反映在了股票價格上；也就是在訊息快速反映在價格上的有效市場中，理性投資者們會考慮到這點而行動，因此是不可能獲得平均以上的收益，也將無法預測股價。不覺得有點奇怪嗎？首先，我們周遭無數的投資故事讓人不禁懷疑市場和投資者是否理性，認真地分析後買進的標的，為什麼股價還是下跌了呢？還有看起來絕對不會上漲的股價，又為什麼會暴漲呢？

　　勞勃・席勒教授主張，股價從根本上不能看作是反映企業盈利的標準，因為股價會大幅受到心理等因素的影響。因為投資者有時會被過於樂觀的氛圍所包圍而產生溢價，也有時會陷入異常悲觀氛圍而導致資產價格暴跌。換句話說，席勒教授認為人的心理，特別是群體心理對股價的決定非常重

要。他在一次採訪中肯定地表示：「現有的經濟學模型雖然雅緻，但過於單純。人類會表現出多樣的行為模式，因此心理學家對經濟學做出的貢獻相當可觀。」另外，席勒教授透過一系列研究成果，成功預測了 2000 年代網際網路泡沫和 2008 年美國金融危機，並以此為契機更加出名並獲得了大眾的信任。

　　那麼，法馬教授和席勒教授的理論是否相反呢？我不太清楚。但是，在我們親身經歷的市場中，似乎可以看到它們以幾種運作方式共存的情形。法馬教授是就相對較短期的現象研究而得出的結論，而席勒教授則是以長期的現象研究所得出的結論，因此也存在假如同時合併理解雙方的主張，將會是如何的意見。現在讓我們來梳理一下吧。我認為市場大致上應是以理性在運行著，但偶爾或在關鍵時期時，非理性運作佔了優勢就會引起問題，當達到某個臨界點時，就會出現泡沫或經濟蕭條，之後再重回理性運作並實現均衡。在我看來，這個過程恰似人類自主神經系統一樣，交感神經和副交感神經平時處於平衡的狀態，當受到壓力時，交感神經就會過度活躍，過一段時間後副交感神經就會重新振作起來，找回平衡。

　　除此之外，還有從另一個層面說明股票市場的理論，就

是所謂的複雜系統。我喜歡的麥可・莫布新 Michael Mauboussin 是位哥倫比亞大學教授，也是名實戰投資策略諮商師，他解釋道：「人類不是市場的理性代理人，不存在維持市場價格穩定的均衡，且從股價不遵循常規分布這一點來看，便可以說明股票市場是個複雜的系統。」並且，他主張要形成有效率的股價，基本上必須具備充分的多樣性，如果投資者的決策方式各式各樣，那麼失誤就會消失，市場則會傾向於達成適當合理的價格。現在透過他的主張，投資者獲利的空間就已經明確了，那就是投資者未能達成多樣性才產生的空間，對吧？亦即雖然投資者總會有打起精神回歸正軌時候，但總是在接獲某些訊息後，於蜂擁而上或落荒而逃的瞬間，決定了錯誤的價格，而在該錯誤的價格回歸正常水平時，方能獲得利益。

　　如果不以既有的經濟學理論來看股票世界，而是從複雜系統的視角來看，那麼是不可能僅憑企業的基本面和經濟學理論來解釋股價。相反，認同個人或群體的心理層面、政府政策、社會需求，甚至環境和科學議題等皆會以複雜的方式影響股價的角度來看，才會更接近地看到股票世界的本來面目（圖1）。

　　特別是從新冠肺炎局勢下展現出的美國股票市場和股價

趨勢，使我認為複雜系統的視角確實可以應用於股票市場。
企業的基本面、美國聯邦準備系統的流動性管制、美國政府
政策、美國大選、美中矛盾等政治因素、新冠肺炎大流行和
疫苗開發等生命科學議題、零接觸和社交距離管制等社會議
題，以及經歷這些的人們的心理等，都錯綜複雜地交織在一
起並對股價產生了影響。

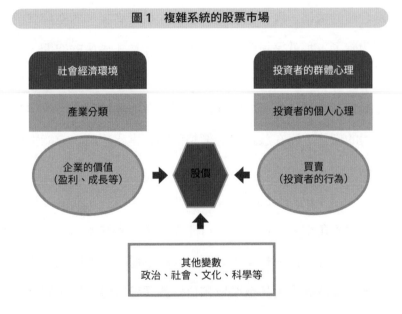

圖1　複雜系統的股票市場

當然，正如前面所提到，股價總是在上下波動，喜劇演
員兼電影導演查理・卓別林 Charles Chaplin 似乎曾說過「人生近

看是悲劇，遠看是喜劇」這樣的一句話，股票市場從長遠來
看似乎也正理性地尋找屬於自己的位置，但從短期來看實則
是處於混亂的狀態，並且在這個過程中，貪慾和恐慌等人類
的心理總是劇烈地影響著。

03
瞭解之後才發現投資行為都有其原因

　　談論複雜的人類決策和選擇過程是一個過於廣泛的主題，特別是細究所有與決策相關的人類動機、情緒、犒賞、理性、刺激和反應等多樣主題，將會脫離本書的目的了吧？本書只想集中於人們在股票市場上以何種原理和方式進行決策與選擇的過程，這些討論內容雖然不能直接引導大家在股票市場上以發橫財的幸運大獲成功，但卻有助於瞭解資本市場的最小單位：人，並幫助管理投資過程中會影響自己的心理因素，若是運氣能再稍微給予助力的話，期待也能成為今後持續投資的力量。那麼，現在開始吧！投資者都想透過投資來賺錢，行動卻各不相同的理由會是什麼呢？

❶ 每個人千差萬別的遺傳與環境

　　我們人生中最重要的東西大部分是在幼兒園和小學時學習，我們都知道 10 乘 10 是 100、要向父母盡孝、要謙讓朋

友並和睦相處、要在綠燈的時候過馬路，也知道不能說謊、不能失去對未來的夢想、只有努力儲蓄才能克服困難，這些都是在小時候學到的東西。但這些學習在長大後，雖然會在生活中持續下去，但有時也會只實踐其中一部分，或是也有完全顛覆的時候。

股票市場的決策過程也與此相似，您應該有聽過投資大師和專家的建議吧？「要長期投資」、「不虧本的投資比大幅獲利更重要」、「要省吃儉用將存下的錢進行投資」、「不要衝動買進賣出」、「應滿足於有獲利而不要貪圖大幅獲利」、「要樹立自己的原則」、「要分散投資」、「要一輩子存股」、「要進行價值投資」等格言，這些都是成功投資並致富的人們，在長久的經驗中誕生的寶貴教誨。

問題是無論是我還是大家，都很難恪守這些格言，或者說，有些人反而可能是以完全相反的方式在進行投資，然而實際上從各自的觀點來看，這些都是理所當然和合理的態度。在投資的世界裡，決策的方式不可能只有一種，因為每個人都是不一樣的個體，對不確定性的敏感程度在遺傳上本就不同，出生的地區、國家、時代、父母的養育方式和環境、成長過程中遇到的各種人和經驗都各不相同。在試著觀察孩子們時，有的孩子即使從高處跳下來腿受傷了，第二天還是

會再爬上去，但有的孩子就連去學校都覺得害怕而不敢放開媽媽的手；也有的孩子出生於韓國戰爭爆發的 1950 年而曾在鬼門關走了一遭，但有的孩子則是在擁有最尖端醫療設施的 2022 年安逸地出生；也有的孩子是含著金湯匙出生而從未擔心過午餐費和運動鞋，但有的孩子則是持土湯匙出生，為了買一個想要的東西，不得不學會放棄另一個；還有的孩子出生在成功的企業家家庭，從小就接受父母金融方面的教育，但有的孩子出生在破產的企業家家庭，所以成長過程中已經決心一輩子都將不會經營事業。

❷ 一切由大腦決定

前面說明了由於人的遺傳與環境的差異，理所當然導致決策方式的多樣化，這種遺傳與環境之間複雜的相互作用會影響思考方式和情緒處理方式，最終出現各式各樣的行為，且這個複雜的過程，無一例外地是由我們的「大腦」在主導著。

人類的大腦是能計算出 222+123、選擇自己喜歡的食物、對於遠方直駛而來的汽車也可以立即避開的可靠工具，甚至為了盡可能實現自己無法直接做到的事情，而發明了電腦，

更開發了人工智能技術，是個無比聰明的機構。然而，在進行與金錢相關的決策時，很多時候卻無法發揮這樣的聰明才智，有時反而還會做出像傻瓜一樣最糟糕的決定。聰明反被聰明誤，還會自問：「為什麼會那樣做呢？」反覆著同樣的後悔和自責，究其原因，在股票市場中進行與金錢相關的決策時，人類的各種需求（慾望）和動機，以及情緒和思考的系統，都以複雜的方式在干涉著，僅是以合理又具邏輯性的思考方式，既無法做出決策也做不了，並且這些過程的背後全都是由大腦在掌控著。

在本書的後面篇章裡，會經常提到關於大腦的故事。在那之前，先簡單玩個遊戲吧！以下要你選擇，一個是立即獲得 5 萬韓元，一個是兩週後獲得 10 萬韓元，你會如何選擇？或者換個條件，在立即獲得 5 萬韓元和兩週後獲得 20 萬韓元，你會如何選擇？科學家們透過這一系列的問題和回答，發現了被稱為「延遲貼現 delayed discounting」的現象，即有些人比起以後給予的高回報，更偏好雖然金額不多但可以立刻獲得的低回報。換句話說，產出的結果花費的時間越多，主觀的就會覺得該結果的價值越低。

另外還有「概率貼現 probability discounting」現象，這被解釋為主觀的價值隨著結果產生的可能性降低而降低。舉例來

說，「要選擇以 100% 的概率獲得 5 萬韓元？還是以 95% 的概率獲得 10 萬韓元？」，或者「要選擇以 100% 的概率獲得 2 萬 5 千韓元？還是以 95% 的概率獲得 10 萬韓元？」回答這一系列問題時，可以確認根據概率所產生的主觀偏好度差異。

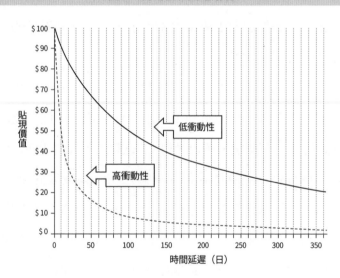

圖 2   衝動性和延遲貼現

❸ 支配投資者的四種需求

特別是研究發現，這種偏好即使金額不多但能立即獲得回報的傾向，與偏好即使可能性低下但能獲得高回報的傾

向，是與如同成癮一般的高衝動性行為相互連結（圖2）。多年來透過研究雙胞胎大腦中與血清素和鴉片類受體系統相關的基因差異以及大腦額葉皮質體積等差異的研究，被認為是可以用於解釋這種偏好度差異的原因。大腦便是如此在決策過程中以多樣的方式起到中控台的作用，因此人們在與金錢、時間、概率等習習相關的投資世界中才會各自做出不同的選擇。

其實，人是個貪心鬼也是個鐵公雞。不僅是人，所有動物都追求以最少的資源，透過合理性及效率性的方式滿足最大程度需求。但是仔細觀察的話，對合理性的標準會有所不同，那是因為每個人感到滿足的需求和動機也皆不相同。比如有些人認為盡可能以便宜價格購買遊樂園門票，再盡情地享受體驗，這就會是個合理的選擇而感到無比滿足。但也有相反的情況，如果將去遊樂園的錢省下用於儲蓄或投資時，會為了存摺裡的錢因此增加而感到滿足的話，是不是也有人認為這種選擇是合理的呢？那麼這樣的合理性和滿足感，從根本上只會變成是一種主觀性質。

雖然人各自擁有各式各樣的需求，但是廣泛共享的需求有哪些呢？人們大致上都有對生存與安全的需求、對熱誠和感情的需求、對刺激和興奮的需求、對性的需求、對權力的

需求、對成長和自我實現的需求、對心靈層面提升的需求等，這些會影響擁有對應需求之人的情緒和動機、思考，最終以行動表現出來。透過上面提到去遊樂園的愉快經歷，對刺激和興奮擁有需求的人獲得了滿足，最終會感到快樂和幸福；而另一方面，省錢儲蓄的人也透過滿足對安全的需求或成長的需求，感受到同樣的快樂和幸福。這種需求的差異，如前所述，與各自的遺傳或生長環境皆有關聯。

從現在開始，我們將探討在各有不同需求的人們聚集的股票市場中，所觀察到的人類一般基本需求。投資股票的人究竟是擁有什麼樣需求的人呢？作為心理學家，2002 年獲得諾貝爾經濟學獎的丹尼爾‧康納曼 Daniel Kahneman 教授表示：「金融市場的決策並非只與金錢有關，還與為了迴避後悔或想要獲得自信感等看不見的動機有關連。」人們當然是以賺錢為目的進行投資，但其背後的需求卻隱隱地在動作著。直接詢問或調查的話，大部分的人都會說因為現在的收入不夠生活花用，或說是為了養老等對生存與安全的需求；一部分人則表示是將投資收益用於購買汽車或活用為結婚基金，可見每個人使用金錢的次要需求都能以多種方式獲得滿足。不過，如果只是這樣容易察覺的需求在作用著，那問題就比較簡單，但實際情況並非如此。靜靜觀察在股票市場買賣股票

之人的行為，可以觀察到賺錢不只有為了保障未來生存與安全的需求，更有多種需求在有意識或無意識地發揮影響。購買企業股票的行為，包含了成為該公司的股東，而與公司共同成長的基本概念外，透過學習不熟悉的企業和產業也滿足了瞭解世界的成長需求。不僅如此，對某些人來說，成為富翁後相較其他人獲得了更多力量，表現了對權力與支配的需求；有些人雖然以賺錢為目的進入股票市場，但在經歷股價急劇上漲而開始頻繁進行買賣的行為，也是對刺激與興奮的需求在發揮影響。

　　前面我所提到股價不僅是企業的本質價值，也會被人們的心理影響。如果在這裡把人們的心理比喻成家的話，投資者的需求可以說是基礎的主體結構，那麼現在填充主體結構的室內裝潢，我想將其稱作「訊息處理系統」和「情緒－行為系統」。與需求相關的動機、情緒、思考，經過複雜的相互作用以投資或買賣的行為表現出來，亦即人們各自的需求大致上是由「兩個思考系統」和「兩個情緒處理系統」相互連結運作，然後以行動表現出來。這樣的說明雖然過分簡化了複雜的決策過程，但其優點則是容易理解。（圖 3）

圖 3　影響股票市場決策過程的心理因素

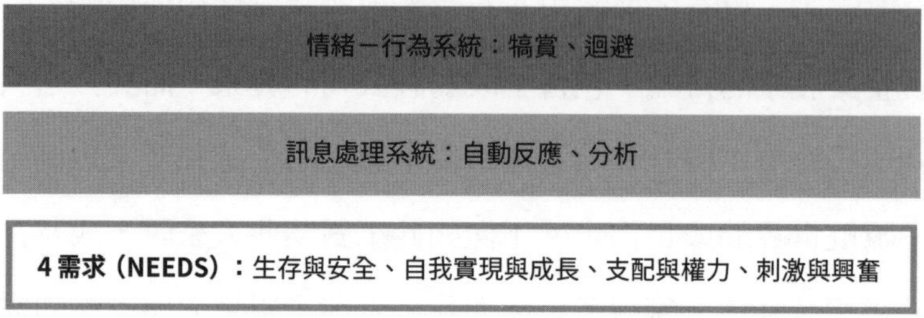

情緒—行為系統：犒賞、迴避

訊息處理系統：自動反應、分析

4 需求（NEEDS）：生存與安全、自我實現與成長、支配與權力、刺激與興奮

　　因此，投資人應該仔細觀察自己的內心世界，瞭解投資是為了滿足自己什麼樣的需求。當然，眼下可能還看不清楚，但是如果沒有這樣的努力，在股票市場打滾時會很容易像迷路的孩子一樣徘徊；或者即使到達了目的地，也依然很難感覺到自己過上了一個令自己滿足的人生。

　　首先，先就生存與安全的需求進行討論。2020 年是因新冠肺炎突然出現，致使全世界遭受巨大痛苦的第一個年度，新冠肺炎奪去了數百萬人的寶貴生命，使全人類陷入了不安與恐慌，在學校、職場和日常生活中的每個地方，所謂社交距離等全新的生活方式正在迅速地擴大。由於日常生活面臨崩潰，自營業者的損失接連不斷，街頭經濟一整年都籠罩在陰影底下。

　　再加上低利率、低成長趨勢、房價上漲、貧富差距等在

新冠肺炎出現之前就已經存在的社會議題，在出現後更是加快了速度。經濟基礎還不足的 20、30 歲青年們因此創造了所謂「靈湊」（連靈魂都拿來湊數）或恐慌購買這樣的新造語，同時也在為應對不確定的未來而掙扎著。據韓國銀行發行的《2020 年下半年金融穩定報告書》顯示，以第三季度末為基準，結果顯示 20、30 歲青年層的家庭貸款比去年同期增加了 8.5%，遠超越了其他年齡層的增加率 6.5%。而根據分析，住宅價格上漲和股票投資熱潮，是青年層貸款大幅增加的主要原因。另外，2020 年於韓國六家主要證券公司新開立的證券戶數，相比 2019 年調查的 260 萬個，增加了將近三倍來到了 723 萬個，其中新開立的證券戶中 54%（392 萬個）是由 20、30 歲的青年層提出申請。這被推測為政府推行打房政策以及房價上漲等因素，導致很多青年轉而湧入了相對容易進入的股票市場。在過去的高利率時代，僅靠儲蓄就足以維持生活，然而現在認為無法僅靠薪水和儲蓄維持生活的人增加了，再加上透過網路資訊和 YouTube 等，相比以前更容易獲得經濟和投資相關的訊息，這也是人們直接投資情形增加的原因之一。

　　事實上，在 2020 年這樣的特殊情況之前，金錢也已經是保障生存與安全的工具。幾年前流行一時的電視劇《我的

大叔》主角李至安（IU 飾），從小開始直至成年後，都因為父母的高利貸受到債權人的威脅而到處逃亡。她曾與不會說話的奶奶不得不分離，曾為了戰勝睏倦和飢餓，一口氣泡了三四個速溶咖啡後喝下。劇中李至安艱難地向朴東勳（李善均飾）發出簡訊說：「請我吃飯吧？」但見面後卻連話也不說，只是不斷地在吃東西。第一次填飽肚子，也填補了關係空缺的場面讓我心痛不已。在食物如此氾濫的今天仍然存在飢餓的人，對他們來說，金錢既不是奢侈品也不是自尊心，只是為了滿足生存與安全而迫切需要的工具而已。

　　然而從歷史上來看，現在這一代人生存受到威脅的迫切貧困程度，相比過去明顯減少了也是事實，而且滿足基本的生存與安全需要後，出現的過度慾望反而會轉變為不安與恐慌，認為好像只有自己落後了，或感覺往後人生可能會變得不幸的茫然與恐慌。不過，因為投資的錢不夠，即使感到不安也要貸款、也要進入股票市場的人數卻增加了，這便是證據了吧？ 2019 年末家庭負債對比名目 GDP 之比率為83.4%，於 2021 年第一季度末達到了 90.3%，創下了歷史新高。根據國際結算銀行 BIS 分類標準，新興國家和已開發國家之間的家庭負債對比名目 GDP 之平均比率分別為 53.9%和 81%，與該比率相比之下這是一個非常高的數值。最重

要的是，此一比率已較世界金融危機發生當時的 2008 年末
（62.7%）上升了 27.6%，相比已開發國家的平均上升水平
（4.9%）來說，也呈現不尋常的上升趨勢。當然，在低利率
的情況下，並不是所有的負債都是錯誤的，進入股票市場的
人當然也不會全然是錯誤的，但是從家庭債務規模擴大且增
加快速的角度來看，專家們建議有必要管理因此可能發生的
風險。

　　即使滿足了生存與安全的需要，人們也絕對不會感到滿
足。因為渴望擁有更好的生活，才會渴望更加成長，滿足更
加自由的自我實現需求。

　　第二部分是對成長與實現的需求。每個人都有過上更好
生活的期望，設立目標後，為了實現而流下了汗水與淚水。
透過這些努力，有些人會在自己的領域裡出類拔萃。多虧了
像愛迪生一樣的發明家、像康德一樣的哲學家、像貝多芬一
樣的作曲家、像伊扎克・帕爾曼一樣的演奏者、像梅西一樣
的運動員、像 BTS 一樣的歌手，以及眾多不知名的技術人
員和默默履行自己責任的小市民，人類才得以發展並享受文
化。像這樣想要過上更好的生活，透過更舒適的生活追求自
由的心態，促進了世界的發展和進步。製造電腦和汽車、開
發機器人、發明人工智能和雲端等諸多技術的革新，確實將

我們的生活帶往了更好的未來。對於追求更好生活的需求，並沒有只停留在個人層面，而是擴展到了企業和社會層面。在創業與壯大公司的過程中會創造出工作職缺，透過該公司的產品和服務，社會也會跟著運轉。大多數人認為資本主義存在弱點，但卻仍然不採行共產主義，而是選擇接受資本主義的弱點，正是因為資本主義的體系才能肯定和滿足人類基本成長的需求。從這個事實來看，投資股票的行為基本上也意味著自己共同參與了企業的成長。舉例來說，我投資了 Apple Inc. 的股票，意味著雖然我並非 Apple Inc. 的經營者，但成為股東後與其一同成長，同時享受公司賺得的利潤。而公司接受投資後進軍新事業，進入持續成長的良性循環。股東共同分享所產生的利潤，並且該利益潤讓投資者的生活更有經濟上的餘裕。雖然根據其利益程度會有所不同，但是該等餘裕最終會為投資者帶來更多實質上的自由。

　　第三部分是對權力與支配的需求。心理學家阿德勒認為，為了權力而產生克服自卑感和無力感的意志，是發展和成長中的重要動機。事實上，現實中似乎也是這樣，只有領先競爭對手，才能進入更好的學校、更好的工作崗位，甚至更有可能在更好的條件下找到另一半。從歷史角度來看，也出現過為了掌權殺人無數的人，不是嗎？而近在眼前，透過

現在的政治圈，也能輕易看到這種權力與支配的需求是如何顯露出來。企業也是一樣，Google、Apple、亞馬遜、三星等世界級企業正透過技術的發展，引領世界的進步，特別是美國的科技巨擘以龐大的資金和先進的技術併購小公司，擴大規模後成為了支配世界的所謂「企業護城河」並發展至今。相反，革新失敗的企業消失在歷史的幕後，從美國道瓊指數[2]來看，2018 年奇異公司 GE 被沃爾格林 WBA 取代後，1928 年前後存在的初創期企業全部都被道瓊指數所淘汰，道瓊指數誕生當時最初被編入的 30 家企業中如今沒有任何一家留下，這一點給了我們許多啟示。

在股票市場上，如果是以與企業一同成長的心態進行投資，投資者們應該可以實現雙贏局面，但這種事情卻只有在想像中才會發生，股票市場實則就像是拳擊手們在拳擊場上浴血奮戰一樣。在國內股票市場，將投資者的供需情況分為個人、機構投資人、外國投資者，每天哪一方買進多少、賣出多少、誰獲得了更多的收益，這些事實都是備受關注的焦點。總結來說，就是想知道誰贏了。投資成功的人都會感到自豪和優越而唱起勝利之歌吧？相反，投資失敗的人則是以

---

2 道瓊工業平均指數，美國道瓊公司以在紐約證券交易所上市的 30 個優良企業股票為基準計算的股價指數。

在戰爭中失敗的殘兵敗將模樣，經歷著失敗感和挫折感。

最後，第四部分是關於刺激與興奮的需求。沉醉於新的音樂、去陌生的地方旅行、看電影或 YouTube、購物或玩遊戲、在新開的美食店享用美食、體驗遊樂設施等，都是在平淡無奇的日常生活中，滿足我們的好奇心和興奮感的事情。然而，在股票市場中這樣刺激與興奮的需求也會隱隱作崇嗎？當然，沒有一個人會是為了體驗像在遊樂園坐雲霄飛車或坐海盜船一樣的趣味和興奮感而進入股票市場，但是如果無法從隨時都在變動的股票價格上移開視線，且經歷過一兩次股價急劇上升時感受到的激動與急劇下跌時感受到的恐慌，可能因此會深陷於這種緊張和刺激之中。就像喜歡玩遊戲的人一刻也不能從電腦畫面中移開視線一樣，有人就是會邊大喊大叫而激動地進行股票交易，也真的有人就像在賭場上玩二十一點時，追求在最後一張牌上感受到的刺激而買賣股票。這樣的人往往喜愛追求刺激，且偏好短期或超短期的買賣方式。雖然說是為了賺錢而投資股票，但實際上卻很有可能因此遭受巨大損失；而在遭受損失的時候，想要一次性就挽回損失的需求也會同樣地非常強烈。

人類都有期望彌補不足部分的基本需求，對此，美國人本主義心理學家馬斯洛曾說明過人類具有的五個層次需求。

從最基本的生理需求到安全需求、社會需求、尊重需求，還有自我實現需求。也許錢被認為是能最有效地滿足這些需求的工具，但是大家都知道，有些東西是金錢無法買到、有些問題是金錢無法解決。哈佛大學教授麥可‧桑德爾 Michale J. Sandel 在他的著作《錢買不到的東西》中分享了在資本主義社會下，交易萬能的時代出現的兩個問題，即不平等和市場腐敗的問題。

先前提到了在股票市場中觀察到人類有意識或無意識的各種需求，即對生存與安全的需求、對成長與自我實現的需求、對權力與支配的需求，以及對刺激與興奮的需求。但實際上在股票市場中這些需求是否充分地獲得滿足，我認為又是另外的議題，許多人分明在股票市場中為了滿足這些需求付出了努力，卻還是都以失敗告終。

為什麼會如此呢？我試想了兩個原因。首先，是因為需求和渴望之間的差異。假設有人投資成功賺了很多錢，對生存與安全的需求基本上獲得解決了；而共同參與企業的發展，也滿足了對成長的需求；用投資的獲利購買名貴的汽車、去豪華奢侈的世界旅行、沉醉在比別人享受更多力量的喜悅之中；隨著在短期內收益最大化，對刺激與興奮的需求在一定程度上獲得滿足。在股票市場上如此成功的人，雖然需求可

以獲得滿足，但卻無法滿足渴望，因為人的渴望總是沒有盡頭。吃完東西雖然可以滿足對飢餓的需求，但是想再吃更多或想吃新穎食物的渴望仍在蠢蠢慾動。如此填不滿的渴望，正以需求的名義持續誘惑著我們。

第二個原因正如我們所知，股票市場上失敗的人佔更大多數。失敗者總是渴望先滿足自己的需求，但失敗的程度越大，渴望膨脹的程度就越大。所以今天也一如既往，如同越過倒下的戰友不顧一切前往戰場一般地進入了股票市場。就這樣，股票市場和大眾不斷給人們種下需求和渴望可以在此獲得滿足的幻想，股票市場中的成功和失敗，以及持續不斷的類似故事，就好似在歷史上資本主義這個演出場中不斷重複的變奏曲。

即使是為了賺錢成為富翁而投資，但為了過上明智的投資者的生活，請仔細觀察內心深處的需求和動機。雖然無意識的需求並不太明顯，但因為自己的情緒、想法和行動會反覆地表現出來，如若好好觀察，多少定能覺察一二。

正是這樣在遺傳與環境上經歷的不同，大腦的運作方式和需求也不同的人們，以不同的決策方式在生活著。同樣地，不同的決策方式在股票市場上也是如此地體現出來。因此，即使股票市場上成功的大師們透漏了自己投資的哲學和

原則，其他人也很難依樣畫葫蘆。當然也有按照他們的原則
進行實踐並成功的人，然而大部分的人並非專業投資者，他
們做不到遵循專家的要求，甚至是遵循自己所訂定的原則。
即使如此，仍然有許多人只是一味地認真收看新聞和經濟節
目，或只聽專家的話，邊作著投資成功的大夢。

04

自行思考後才行動這件事

　　到目前為止，我們簡單地探討了股票市場、股價、心理，以及人們為何會以不同的方式進行投資的原因。這麼看來，個人投資者不斷投資失敗的原因也就漸漸明確了。個人投資者為了在複雜的股票市場中明智地投資，從現在開始就必須要做出改變。就像在開車上路之前，是否也需要先有安全知識和充分的練習？如果很多人在股票市場上毫無準備地開始投資，那麼發生事故絕對是必然的結果。所以要我們在投資前做些功課的話，就應該先從找尋值得買進的股票開始。「要買什麼呢？」找到一個投資標的後，下一個問題也就同時決定了，「那麼要什麼時候買進呢？」

　　為了成為明智的投資者，應該要學習什麼呢（圖4）？僅靠投資所需的 PER、PBR、EBITA、ROE 等企業分析與利率、匯率、經濟循環、產業等總體經濟知識的學習是不足的。這些經濟知識應該經過投資者的思考，並用投資行動表現出來。因此，為了成為成功的投資者，努力的方向已經不言自

明了，那便是需要學習複雜的世界道理、瞭解總體經濟或企業分析的知識，同時必須制定屬於投資者自身的「投資思維」，以及為此去瞭解進入投資世界的自己的需求、情緒、決策過程和群體心理，這些應該要成為學習投資的基礎。以這樣的基礎學習為根本，投資者應該進一步養成自己思考和培養判斷能力的習慣。但是這些過程都需要時間，因此大家如有進行投資的想法，就要盡可能從一開始投資時就同時學習投資的心態及習慣。你知道在網球或高爾夫，不對，是幾乎所有的運動中，矯正最初的錯誤姿勢有多難吧？這些習慣當然在投資者的人生中也會一直持續地發展。

圖 4　投資過程中必要的學習

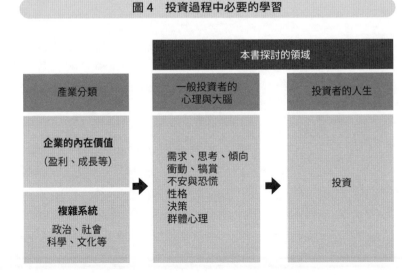

　　最終，如果在沒有學習和成長過程的情況下進行投資，投資者就會在過多的情報和噪音中不斷動搖，這樣是絕不可能得以在前途未卜的迷霧般股票市場中持續進行投資。那麼，現在就出發吧！從下一章開始，我們來正式地一一探討成為明智的投資者的應該擁有思維吧！

為明智的投資者準備的自我診斷

相信自我探索和記錄的力量吧！透過誠實的回答可以讓自己進一步成長。

❶ 如果你在股票投資方面有過失敗的經驗，那麼投資持續失敗的原因是什麼呢？為了克服這一點，讓我們思考一下需要學習的具體領域和對策吧！

❷ 如果是第一次投資，為了持續地投資成功，你覺得需要學習什麼呢？

❸ 試想投資股票的動機，及與投資股票相關之個人獨有的需求。

PART

2

大腦早已知道答案

〈接受投資失敗的李〇〇先生的故事〉

李〇〇為了投資股票做了很多功課。在此過程中，當然會對企業進行無數次分析、確認近期經濟狀況與各項經濟指標吧？特別是在獲得對投資學習有幫助的好書推薦下，邊讀邊認為自己已經確立了獨有的投資哲學。為了實踐所學，懷著激動的心情買進了〇〇股票。終於以 5 萬韓元價格買進的 A 企業，儘管算是已經做足了充分的準備，價格在一個月內卻下跌了 5%！「顯然我的分析並沒有問題，只是市場還不知道這支股票的價值。馬上就會漲回去的。」

雖然勉強地否認了現實，但血汗錢打水漂的心情令人感到不快。但價格又下跌了，光是兩週內已經跌成了 4 萬韓元。這次他感到很生氣，難道是分析師的推薦有問題嗎？難道是開始下跌的走勢嗎？因此開始從周圍尋找原因，但仍然無法明白。

又過了一個月，好幾天以來股價看似呈現上漲趨勢，但又跌到了 3 萬 5 千韓元。雖然懷著迫切的心情，甚至也祈禱過了，同時下定決心今後要更加全面地學習，然而其實心裡並不舒坦。

終於到了 A 企業發表季度業績的日子。由於銷售額和

盈利都比預期來得更好，因而期待著股價的反彈。然而開盤初期稍微上漲的股價，在開盤後半段又逐漸下跌，甚至跌到了3萬韓元，憂鬱的心情和不安感向他襲來。雖然有思考過如果再繼續下跌該怎麼辦，實際上仍是非常迷茫，苦惱著是否要明日就立刻賣出。也有在YouTube和部落格上尋找分析○○企業的專家評論，但他們也只是就已經知道的結論來解釋股價下跌的原因。

結果，與李○○最初計劃的長期投資不同，因為害怕股價會延續兩個半月以來的跌勢，在股價來到3萬5千韓元時認賠賣出。體會到投資不容小覷的李○○，現在將以自暴自棄的心情，從原點開始重新深入思考投資。

在正式開始第二章的故事之前，先代入庫伯勒·羅絲Kübler-Ross的悲傷五階段理論，以說明故事中李○○所表現出的情緒和心理狀態，分別為否認、憤怒、懇求、沮喪，以及接受的過程。這並不意味著所有人都會受股價下跌影響經歷這樣的心理過程，因此多少有些牽強，但這種種的情緒和行為實際上也是日常生活中會經常經歷的事情。

匆促買進的股票容易賠錢，但也有經過充分分析後買進的股票也是賠錢的狀況，對吧？不管是什麼情況，股價下跌都令人感到不快。當期待股價反彈，股價反而停滯或轉為下

跌趨勢時，內心也會越來越焦急，因而感到不安與恐慌。甚至會因為壓力極大，影響工作上的業務掌控，任誰來搭話都好似聽不進去一般，在家裡時無謂的煩躁也隨之而來。

　　一般來說，很多人都認為只有最大限度地抑制情緒並理性判斷，才能投資成功。然而實際上，情緒本身就是中立的，有時有助於決策，有時會成為阻礙。重要的是，任何人都無法在完全排除情緒的狀況下做出選擇。情緒無論以何種形式進入我們選擇的過程，都會產生強烈的影響。沒有人能完全地控制情緒，就算試著讓理性來控制情緒，也是同樣控制不了。即使想方設法堵住情緒並加以壓制，情緒也不會完全地被理性控制。只有與自己的情緒保持距離，並觀察和意識它本來的樣子，才能在被情緒左右的問題中找到解決方法。

01

所有投資都是從大腦開始

　　一個冷靜的人為何會興奮地買進股票，然後一頭栽進去呢？股價只要稍微下跌一點就會感到不安，急忙按下賣出鍵的原因又是什麼呢？平時人們看起來好像很聰明，但偶爾會做出一些莫名其妙的行為，當然每個人都有一定程度的差異，但這些莫名其妙的行為在股票市場上卻很常見。事實上，與其說是人們造成這樣的行為，不如說是大腦所造成。那麼，平時人類的大腦都非常聰明，卻會偶爾或經常發出傻瓜般命令的原因是什麼呢？首先簡單地瞭解一下這顆重量為 1.5 公斤的大腦之形狀與功能吧。

　　神經學家麥克林 Paul D. MacLean 博士擔任耶魯大學醫學院教授期間，主張人類大腦的進化發育是由像是洋蔥一般的三層結構所組成。雖然他的進化發育主張後來受到了其他科學家的批判，但三腦一體理論在理解大腦中各結構的形狀與功能方面仍有其有用之處。首先，最內側第一層的腦幹，負責呼吸、心跳、體溫調節等維持生命所需的功能。因此如果這

個器官罷工，這個人就進墳墓了（圖5、圖6）。

　　接下來第二層的緣腦稱為邊緣系統。該器官涉及不安、恐慌、憤怒、犒賞、快樂、喜歡、討厭等情緒。因此，後面將詳細說明的犒賞系統和迴避系統都與之相關，對投資的決策也起了重要的作用。代表性的結構體有負責記憶的海馬迴、情緒中樞的中心扁桃體及自律神經中心的下視丘。

図5　大腦剖面圖

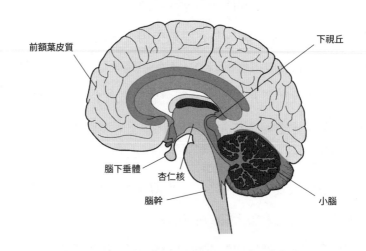

前額葉皮質

下視丘

腦下垂體

杏仁核

腦幹

小腦

　　最後，第三層為最外面的新皮質。在靈長類動物中，人類之所以特別，是因為人類新皮質區域發達的程度為其他靈長類動物所無法相比。新皮質是綜合第二層邊緣系統的情緒

後，以理性調節衝動的地方。另外，也負責了現代人類享受的知覺、注意力、思考力等高層次的能力。特別是位在額頭後方的前部大腦稱為額葉，其中最前側的部分稱為腹內側前額葉皮質（圖6），這裡才是最重要的綜合調節中心。而前額葉皮質中與第二層邊緣系統直接相連的眶額皮質，是接收有關需求和動機的訊息，及評估情緒訊息的重要性。此外，這樣的眶額皮質外側區域會在與處罰相關的情況下被活化，而內側區域則在與犒賞相關的情況下被活化，其功能將有助於根據情況採取適當之社會性行動。

圖6　前額葉皮質構造

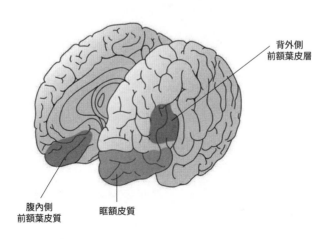

　　到目前為止，我們簡單地介紹了大腦的結構。如果繼續進入大腦內部，就會發現大腦的最小單位——腦細胞，即由多達一千億個神經元 Neuron 以相互連接的方式形成的網路。有關訊息的接收、記憶、學習與判斷的整個過程，以及對於情緒的感受、思考與行動等一系列過程，都是透過腦細胞網路實現的各種反應型態。這樣的構造是為了在腦細胞之間傳達化學性訊息，而以所分泌的神經傳導物質和基因、荷爾蒙等複雜方式產生作用，才讓運作得以實現。

02

Fast 系統 vs. Slow 系統

　　我們在第一章中瞭解了股票市場中所觀察到的人們的需求，而此種需求與大腦的具體網路「訊息處理系統」和「情緒－行為系統」相連結並以行為表現出來（表2）。從現在開始，讓我們以前面提到的大腦構造為地圖，瞭解人的決策和選擇究竟是如何進行。

　　首先，人類的大腦使用 Fast 系統（自動、反射 reflexive）和 Slow 系統（分析、反應 reflective）兩種途徑之一處理訊息並做出決策。Fast 系統屬快速、衝動且直觀，依靠情緒或習慣為下一步提供方向。相反，Slow 系統具有邏輯性、分析性和組織性。根據研究顯示，大腦一次只能利用一個系統來處理訊息，而兩個系統通常會分別受到大腦的不同部位指示。大致上，基底核和扁桃體（邊緣系統）會更多地干預 Fast 系統，而前額葉皮質則是更多地干預 Slow 系統。

表 2　訊息處理系統與情緒 - 行為系統	

訊息處理系統	情緒－行為系統
· Fast（自動、反射） · Slow（分析、反應）	· 犒賞（reward） · 迴避（avoidance）

❶ 具反射性與直觀性的Fast系統

Fast 系統具有反射性與直觀性。當我們看到氣得脹紅的臉時，可以判斷那個人很快便會說出粗話，或者揮出他的拳頭。如果一想到其他動物也同樣有這樣的系統，可能會認為它對人類來說像是不必要的存在，然而卻並非一定如此。如果突然發生事故，或是行走在路上時一台摩托車突然向我們衝過來，應該唯有啟動快速、反射性的系統才能保住生命吧？也就是說，突然感到恐慌及害怕時，我們不會慢慢地、有系統地考慮所有可能的選擇並全面性地考量其後果，而是必須立即採取措施做出判斷，而這種情況一般都是發生在打鬥或是需要做出逃避反應之時。可以快速地應對各種危險的Fast 系統功能，在人類長期生存中發揮了非常重要的作用。

另外，當一個人熟練地掌握了某特定領域，其經驗或專業知識已經在腦中根深蒂固的情況下，由於一清二楚地知道

該如何做，所以經常能夠很快地做出決定。他們可能無法說明自己進行決策的邏輯，但他們卻以「直覺」來處理或者說是以「感覺」來工作。昔日表現卓越的運動員在擔任教練時，不是偶爾也會有做不出好成績的情形嗎？我想也許正是這個原因影響了他們。因為已經完全刻在了骨子裡，很難從教練的角度一一說明對自己來說太理所當然的事情。

在第一章中介紹的丹尼爾‧康納曼將 Fast 系統稱為「系統一」，上面說明了這是一個幾乎可以說是能夠毫不費力地自動快速運轉的系統。因其含有衝動的特性，所以也可以稱之為燃燒系統；而另一個「系統二」稱為分析系統，即指下面所描述的 Slow 系統。

❷ 進行分析與調節的Slow系統

如果聽到某處發出巨大聲響時，我們的大腦就會自動啟動 Fast 系統，並立即透過 Slow 系統分析其原因。Slow 系統會有意識地集中注意力在那個聲音上，並動員所有的個人主觀經驗。如果是在面對一個陌生而複雜的情況，就必須要有將可能可以使用的情報訊息，透過邏輯、分析及有系統地調控後加以處理的能力，對吧？由於這個系統是有意識

地在運作，因此通常也被定義為所謂的理性系統，就像在做
「123×456」等乘法問題時，也要有意識地聚精會神，翻出
小時候學習的乘法數學一樣。Slow 系統雖然也有處理情緒
的作用，但在投資上主要用於解決「該企業上季度的業績如
何？」或「我的投資組合是否在接下來的升息循環中作好風
險分散了？」等更複雜的問題。由於要抑制並克服像熱鍋一
樣升溫的 Fast 系統的情緒和衝動，所以也被稱為「調節塔」
或「冷卻系統」。

　　綜上所述，Slow 系統的想法和行為大部分是從 Fast 系統
中開始發生，但會在情況屬於困難或複雜時，起到主導作用
並擁有決定權。就這樣兩個系統透過分工和相互作用，可以
減少負擔並最大限度地透過有效率的方法提升成果產出。約
佔我們體重 2% 的大腦在休息時也會消耗約 20% 的卡路里，
假如在任何情況下都只使用 Slow 系統，能量必會很快消耗殆
盡，因此對於周圍發生的事情大多都會選擇忽視以對。此時，
Fast 系統可以直觀地起到過濾的作用，過濾不必要的事情而
為重要的事情保存能量。人的大腦大致上會透過這種方式發
揮良好的互助效果，特別是 Fast 系統對日常事件的處理非常
熟練，對熟悉情況所建立的系統模型也很準確。對於處理短
期的預測大致上也不錯，面對挑戰時亦能迅速反應。然而，

這些 Fast 系統也存在關鍵性的錯誤，就是在特定情況下經常出現「偏誤」這個東西。關於各種偏誤，很快就會在本書中進行介紹，請稍等一下。

　　當然，在投資此等重要的決策過程中，Fast 系統與 Slow 系統的合作也是必不可少。如果聽到「KOSPI 指數從 3,000 下跌到 2,970」的新聞，由於 Fast 系統對變化非常敏感，這會讓大家的心跳加快、手心出汗，對吧？這時，靜靜地待著的 Slow 系統表示「下跌 1% 是經常發生的事情，毋需驚訝」，那麼我們馬上就會鬆了一口氣。同樣，在我們擁有的投資組合中，如果其中一支股票下跌了 10%，Fast 系統就會讓我們立刻大喊大叫，並考慮是否要準備脫手，讓人緊張無比。但不久後，隨著 Slow 系統分析認為投資組合整體變化並不大，我們就又放心了。

　　然而，Slow 系統並無法解決 Fast 系統移交的全部事情。當問題很複雜時，Slow 系統會在一直處於精力集中的狀態下感到厭煩疲倦，還會將問題再次返還給 Fast 系統。此時，Fast 系統會按照直觀性或既有的個人偏誤傾向快速地將問題處理完畢。在認真學習投資、連續幾天慎重地挑選企業的過程後，假如聽到「科技產業股暴漲」、「電動車是主流趨勢」等片面消息，Fast 系統就會在不知不覺中再次露面，說著「不

要再苦惱了！就是這支了！」相當於關閉了好端端的 Slow 系統。一般而言，做出重要的決定前都應該要詳盡地進行分析，但要想讓 Slow 系統發揮其應有的作用，就必須要處於足夠安定且不疲倦的狀態才行。

如果兩個系統可以相互合作，只在各自能夠最大限度地發揮自身功能的情況下扮演好自己的角色，那將會非常理想，然而現實卻並非如此。Fast 系統與 Slow 系統在工作、挑選衣服或是與人見面上皆經常發生衝突。當然，投資的時候不也是這樣嗎？但是人們大部分都誤以為自己是以分析能力及理性進行判斷，因為每個人都認為自己是具有邏輯性和理性的人。因此，明智的投資者應該掌握兩個系統的優缺點，在必要時加以活用，並能夠看清自己正在使用其中哪一個系統。

03

犒賞和迴避的大腦科學

透過調節大腦中的需求和動機，影響選擇結果的情緒－行為系統，大致可分為兩個部分，一種是犒賞系統，另一種是迴避系統（圖7）。

圖7　犒賞系統

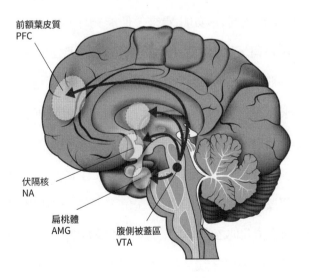

前額葉皮質
PFC

伏隔核
NA

扁桃體
AMG

腹側被蓋區
VTA

❶ 爲了沒有盡頭的滿足：犒賞系統

　　先談談犒賞系統吧？簡單來說，犒賞系統是指賦予重複某行爲之動機的系統。每當進行飲食或是發生性關係等生存必需的行動時，會讓人感受到快感，並誘導我們繼續這樣做，而此系統又名「多巴胺 Dopamine 系統」，正是因爲此系統由名爲多巴胺的神經傳導物質在系統中進行了干預。例如，當我們吃了讓人口水直流的美食，就會立即在中腦的腹側被蓋區中產生多巴胺，此時多巴胺的產生量因人而異，即使不一定是享受美食，也會根據不同的行爲而有所不同。也就是說，如果有了全新的體驗或做出非常刺激的行爲，腹側被蓋區就會產生大量的多巴胺。如此看來，便能夠理解很多投資者比起投資老牌公司，更熱衷於投資新設立之陌生公司的原因。

　　那些在腹側被蓋區產生的多巴胺，沿著途徑傳達至伏隔核這個快樂中樞。伏隔核在期待得到犒賞或實際得到犒賞時會被活化，這時人們會感受到刺激的快感，不會說出「以後再做也行」，而是會發出「現在馬上做！」的信號。總結來說，就是想要得到立即的滿足。在這方面的一項研究中，參與者被要求在立即收到 20 美元的亞馬遜禮品卡和兩週後收到 30 美元的禮品卡中進行選擇。單純考慮金額的話，是否應該

選擇等待兩週並多收 10 美元呢？但是大部分參加者為了得到立即的滿足而選擇立即獲得 20 美元，這與前面說明的延遲貼現現象雷同。假設賽馬比一場比賽需要一天的時間，股票買賣不是立即交易而是需要耗時一天，那麼賽馬場可能會空空如也，而股票市場的衝動交易也定會比現在減少許多。

　　如果更詳細地探討與犒賞相關的主題，則可以分為一種是期待著美食而賦予動機的系統；另一種是對於享用到我們所期待的美食的這個結果後，以正面的情緒作為獎勵的犒賞系統。此種對於犒賞產生期待並賦予動機的系統，比起結果性犒賞來得更加強烈。用一句話概括，其特徵就是永遠無法獲得滿足，也可以說是前面所提到的——渴望，它的另一個名字。對於一次性獲得滿足的犒賞很快便會感到熟悉，而無法在下一次到來的犒賞上獲得滿足，而是會渴望更刺激、更新穎的東西。就這樣，變得沸騰的伏隔核再次要求腹側被蓋區發送更多的多巴胺。如果覺得做某種行動可以獲得利益（犒賞、快感），就會想要再一次做出同樣的行動（期待、渴望），而為了做出那樣的行為的動機也會進一步加強。像這樣期待犒賞的系統會表示「雖然已經很好，但還是不夠！我要更多！更多！」盛氣凌人且強勢地邊喊叫著，也邊成為引導人類進一步發展、企業和社會進一步創新的原動力。

2007 年蘋果公司 iPhone 首次登場時，人們歡呼雀躍且感到神奇，但如果無視前面所述人類對革新的渴望，在 2022 年的現在讓我們使用當時的 iPhone，也許現在的人們會把那像是古董的東西扔掉吧。

干預辣賞系統的區域還有一個。於腹側被蓋區製造的多巴胺會透過海馬迴傳導，而海馬迴就像電腦的硬碟一樣是掌管記憶的地方。此外，多巴胺也可以透過位在其他區域的扁桃體傳達，而扁桃體是與不安、壓力等情緒相關的地方。大腦對於這些促使多巴胺分泌的行為，會感受當下的情緒並儲存為記憶。就像第一次投資股票時偶然賺了很多錢的時候，並不會只記得那前後的脈絡，同時還會記住當下興奮的情緒（情緒記憶），也可以說是因為忘不了那個記憶，很多人才會又一直進行著不適當的投資。接著，在伏隔核附近有一個稱為背側紋狀體的區域，該區域與習慣有關。在背側紋狀體分泌的多巴胺雖然不會像伏隔核一般令人感到快樂，但僅僅只是命令大腦「按照以前的方式做！」我們就會依照習慣來行動。然而一旦形成的習慣就會像騎自行車一樣，記憶刻在身體裡不容易消失，因此投資習慣最初如何形成，重要的原因就在於此。如果在投資股票的習慣上形成衝動買賣的模式，那麼往後將會需要花費非常長的時間才能改正。

　　在腹側被蓋區中產生的多巴胺也會傳導至掌管決策和計劃行為的前額葉皮質，判斷是否值得犒賞，以及判斷今後是否繼續該行動，也就是經過深思熟慮地決定是否要繼續做出為自己帶來快樂的行為，還是要停止該行為的過程。前額葉皮質就是像這樣冷卻沸騰的大腦，同時會得出一個綜合性結論。如果前額葉皮質認為某種行為對自己有害，就會發出神經傳導物質之一的「麩氨酸 Glutamate」以命令停止該行為。最終，在快樂的中樞伏隔核中，來自腹側被蓋區的多巴胺與來自前額葉皮質的麩氨酸，將相互角力、進行真槍實彈的較量，根據最終的勝利者，人們可能陷入快樂（多巴胺的勝利），也可能恢復自制力（麩氨酸的勝利）。

　　那麼金錢能夠刺激人的犒賞系統嗎？就像第一章中所提到，金錢是抽象的概念，在原始時代並沒有金錢的使用。為了解決此疑問，美國西北大學漢斯・布萊特 Hans Breiter 教授的研究小組發表了有關對於金錢等抽象犒賞物的期待和經驗，同樣能活化人類犒賞迴路的研究結果（圖 8）。

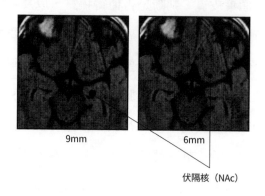

圖 8　對金錢利益的期待與伏隔核的活化

9mm　　　　　　6mm

伏隔核（NAc）

　　但比這更有趣的事實是，比起金錢犒賞這種絕對性的標準，社會性的比較更能活化大腦的犒賞迴路。在波恩大學的阿明‧法爾克 Armin Falk 教授進行的一項研究中，當一位實驗參與者的報酬與其他參與者的報酬相差甚大時，伏隔核會活化至最大值，這等同確認了我們是會在比較自己和他人的同時，產生貪慾的個體。

　　犒賞系統的作用並不只是單純講述帶來發展和創新這種積極而令人幸福的故事，如果反覆地過度活化，最終可能會出現成癮的現象。特別是藥物、賭博、酒等刺激性物質或行為產生的多巴胺，比起日常生活中自然而然能夠經歷到的刺激（如攝取食物等）來得更多，因此更容易發生成癮現象。

同樣在股票市場上，非秉持長期投資的態度而是追求立即性滿足的所謂短線買賣，或是以交易暴漲股票為主要投資方式等，都是犒賞系統過度扭曲的現象，必須要銘記這些皆可能招致成癮的結果。

❷ 需要多少錢才能滿足？

＜一張樂透讓金○○感到幸福的故事＞

一週的開始：星期一。僅憑一張樂透就能帶著激動和期待幸福地生活一週的金○○，今天也為了買樂透去到家門前的便利商店，「老闆，請給我 1 萬韓元自動選號的樂透」。上班後也是一整天看了又看放在錢包裡的樂透，腦海中已是中了頭獎，離開煩人的上班生活，在夏威夷海邊散步的畫面。坐在旁邊的同事朴○○向想著錢包裡的樂透而笑嘻嘻的金○○詢問週末發生了什麼好事，「沒有什麼，我只是買了樂透而已。」一聽到這句話，朴○○說了讓人洩氣的話，「喂，金○○，你知道中頭獎的機率是多少嗎？買樂透只會浪費錢而已」。

沒錯，即使不將中頭獎的機率 1/8,145,060 這個數字背下

來，大家也都知道這是一個非常低的機率。然而就像金○○
一樣，很多人買樂透的原因，難道不正是因為即使實際中獎
機率很低，但是能賺錢的期待和希望卻令人感到開心嗎？

　　樂透中頭獎是一件非常了不起的事情，但那只會是極其
低的機率。即使深知這一點，期待的大腦還是會強烈地刺激
犒賞系統。其實能為大腦帶來犒賞的東西有很多種，食物、
香氣、音樂、愛情、與朋友見面、媽媽的懷抱、與同事的信
任關係等，都是向大腦提供多巴胺的天然來源，當然獲取金
錢也包含在其中。然而有趣的是，錢在自己口袋的時候，只
是會覺得心情還不錯，但對於之後的心情不太具有影響力，
可是當我們用這些錢購買暴漲的股票後，大腦的伏隔核會變
得更忙，透過海馬迴尋找記憶，再聯繫前額葉皮質，讓人開
始想像並將注意力集中在這件事上。「會上升多少呢？」根
據想像力的強弱，多巴胺的量也會有所不同，表現出刺激和
興奮感的直條圖也會有所變化。綜上所述，賺錢實際上是一
件令人高興的事情，但是能賺大錢的期待感會讓我們更加興
奮。此原理正說明了為什麼即使填補了需求，卻也很難獲得
滿足而仍然不斷地追逐那些慾望；又為什麼投身於股票市場
的人會越過貪慾之河，走向痛苦的荒原。

　　真的有人能完美地控制貪慾嗎？一邊說著「我沒有更多

的慾望了」，一邊清空心中的慾望，在轉身後又重新被慾望
填滿，這就是人心。身體明明比大象還要小，卻不知道從哪
裡冒出來這沒有盡頭的慾望。貪慾可以開啟投資之路，但如
果控制不住過度的慾望，投資就無法持續下去，因為貪得無
厭總是會惹出禍端，讓我們自掘墳墓。為了放下貪慾就必須
要回歸初心，雖然我經常強調，只有事先記錄下來，我們自
己才無法反駁。原本下定決心在股價從 1 萬韓元漲到 1 萬 5
千韓元後就要賣出，但真的到了那時候卻又會改變想法，比
起「感覺會漲得更厲害」的辯解，還不如說實話呢！總是編
造「設定在 50% 是我看得太保守了」、「因為現在是多頭市
場、因為市場流動性很強勢、因為外資進場，所以還會繼續
漲」之類的理由欺騙自己，貪慾也因此總成為說謊者和騙子。
但如果帶著坦率的心放下貪慾的瞬間，就會為了培養自己的
能力而更加努力。只有聚焦在投資的本質，才能進行更合理、
更全方位的思考，也方能正確地管理風險，因此明智的投資
者只能是有能力控制貪慾並懂得滿足之人。

❸ 恐慌心理升溫的迴避系統

　　迴避系統或是損失迴避系統在我們意識到任何風險或威

脅時就會被活化，該系統主要受到扁桃體（情緒處理）和島葉 Insula（與痛苦及厭惡相關）、海馬迴（負責記憶）、下視丘（負責荷爾蒙分泌）干預。

　　先舉個簡單的例子吧？一個黑夜裡，你在回家的路上匆匆地走過一個人跡罕至的巷弄。這時，突然聽到有人的腳步聲從後面傳來，好像在追著你。你小心翼翼地轉過頭去，發現一個身材高大的年輕男子很快地跟在你後面。這時你的大腦和身體正在發生什麼事情呢？首先，大腦中的邊緣系統會迅速地沸騰，因為如前所述，邊緣系統是負責處理情緒的大腦部位。當有人跟在後面的訊息經過視丘到達扁桃體時，扁桃體會將該訊息視為危險後，通過腦幹啟動的交感神經系統也會一起沸騰。扁桃體是一顆小水蜜桃的形狀，與為了生存而表現出恐慌及攻擊性的行為相關，對於特定防禦行為及情緒相關的記憶來說也擔任著重要的角色，亦即在整合訊息並對威脅自動作出反應方面擔任著要角的意思。因此你的心臟撲通撲通跳、寒毛直豎、呼吸急促，全身肌肉緊張的反應在一瞬間出現，同時你會深深地感受到恐慌（圖 9），但是經過一段時間後，透過大腦前額葉皮質提供的相關訊息，判斷這個人並非強盜，只是跟自己同路的人而已，那麼整個恐慌機制隨後就會恢復到原來的穩定狀態。

圖 9　迴避系統

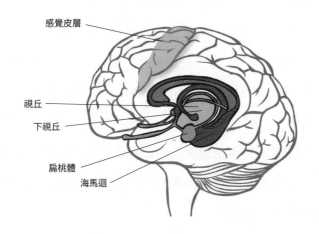

感覺皮層

視丘

下視丘

扁桃體

海馬迴

　　扁桃體對於陌生或快速的變化、引起恐慌的情形都會如此地發出警報，讓我們能夠集中注意力。走路時突然看到頭頂飛過的物體時，或者只是瞥到旁人威脅性的身體動作，都能快速低頭或讓身體做出躲避的動作以確保安全。甚至不僅是對於威脅性的動作，只要聽到刀、事故、拷問、殺人、衝突等讓人聯想到威脅的單字，扁桃體都會開始沸騰，因為這種時候反應過度反而才能更加安全，所以警報器從不休息。扁桃體的反應正是以這樣的方式，在原始時代人類的生存目的下進化為專業的安全系統，並一直延用至今。

恐慌反應也同樣會在股票市場上出現，只要一想到會損失或者可能面臨損失，扁桃體就會打開警報器。2020 年股票市場也是突然出現了一隻可怕的老虎吧？新冠肺炎席捲全世界後，平時維持在 20 以下的所謂恐慌指數——VIX 指數，呈現出上升至 100 邊緣的趨勢（圖 10）。 此時位於人類大腦兩側深處的扁桃體，一看到這隻老虎的出現便發出了警報。人們感到恐慌，表現出想要逃跑以換得生存的恐慌性拋售行為，結果發生了美國股價指數和包括韓國在內的全球股票市場指數暴跌的大混亂。

圖 10　VIX 指數（2020 年）

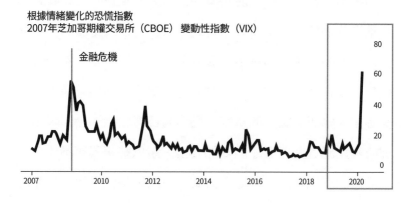

根據情緒變化的恐慌指數
2007年芝加哥期權交易所（CBOE）變動性指數（VIX）

　　當時正在進行股票投資的人們大腦中噴出了被稱為腎上腺素的去甲基腎上腺素，向肌肉傳達能量並立即採取迴避動作，也為了集中注意力以應對緊急事態，分泌了皮質醇等壓力荷爾蒙。股票市場的恐慌反應不僅體現在實際情況上，也體現在各種訊息和社會信號上。股價暴跌當天，傳達實況訊息的人們的聲音、主要使用的單詞、氛圍、螢幕中的數字等刺激著我們的扁桃體，讓我們瞬間出汗，心跳加快。並且這種恐慌反應在正確判斷是否真的面臨危險之前，就已經讓我們的身體做出準備逃避的反應了。問題是如果這種警報機制在變動劇烈的股票市場上時不時響起，並非會讓我們逃到安全的避難所，反而是讓我們陷入另一種危險。如果急劇反覆地預想到金錢損失或是其他損失，恐慌反應的中心扁桃體及與痛苦相關的島葉就會更加沸騰，扁桃體旁邊的海馬迴則會儲存這種恐怖的記憶。當預想到損失時，紋狀體和島葉被活化的過程，透過下圖中在預想金錢利得及損失時，大腦出現的反應即可以清楚地瞭解（圖11）。

圖 11　當預想到金錢利得（a）及損失（b）而活化的大腦各部位

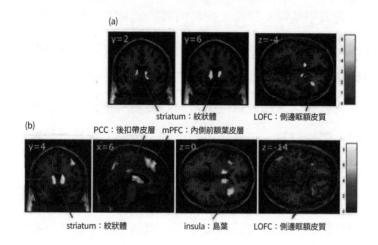

(a)

striatum：紋狀體　　　　　　　LOFC：側邊眶額皮質

PCC：後扣帶皮層　mPFC：內側前額葉皮層

(b)

striatum：紋狀體　　　insula：島葉　　LOFC：側邊眶額皮質

預想（a）金錢利得時，紋狀體活化
預想（b）金錢損失時，紋狀體、島葉活化

❹ 在反覆地感到恐慌之後

　　1929 年 10 月 28 日，在大蕭條持續的情況下，紐約證券市場下跌了 12.6%，媒體將這一天報導為「黑色星期一」。隨著歲月的流逝，1987 年 10 月 19 日，美國股票市場再次經歷了黑色星期一，一天內證券市場暴跌了 22.6%。如果將大幅暴跌輸入海馬迴，這個記憶必會難以抹去並留下創傷。時間再次經過，2020 年世界衛生組織宣佈新冠肺炎大流行和美

國禁止歐洲入境等消息傳出後，紐約證券市場再次經歷了暴跌。道瓊工業平均指數創下自 1987 年黑色星期一以來最嚴重的跌幅，一天內下跌了 9.99%，標普 500 指數 S&P 也下跌了 9.51%，那斯達克指數也以下跌了 9.43% 作收。因為已經歷過先前的暴跌，所以當 2020 年一出現暴跌的信號時，我們的扁桃體發出了警報聲，凍結了身體和大腦並發出緊急避難的強烈信號。

　　然而 2020 年的暴跌與過去兩次黑色星期一不同，這一點非常有趣。首先，1987 年證券市場暴跌時，害怕的投資者們延遲了買進行為，紐約的證券市場直到 1994 年才恢復至先前的市值總額。這表現出在逃避之後，前額葉皮質仍然評價為「實際上屬於具有危險和有問題的狀況」，並在分析後出現了擔心的不安反應和持續性迴避反應。但是在 2020 年因恐慌而股價暴跌時，人們接受了額葉的解釋，即大企業的基本面良好，在背後守護的聯邦準備系統和政府的財政政策也非常強大，因此股價暴跌後不久也呈現出上升趨勢，這與先前暴跌後的延遲恢復截然不同。此情況就好似在瞭解到深夜巷弄裡突然出現的人不是強盜而只是同路的人後，恐慌反應就再次迅速地恢復到穩定的狀態一樣。如果面臨嚴重暴跌的情況，股票市場將啟動中斷 15 分鐘交易的「熔斷機制」，

這將提供前額葉皮質在扁桃體發出警報聲後，有足夠的時間判斷此狀況是否真的很危險而應正式地應對處理。這時，仍然未能擺脫恐慌的人將會表現出依賴性，在不經思考的情況下聽從群體的意見或傾聽專家的每一句話，這些都是為了尋找安全感而做出的努力。然而必須要小心，如果這種恐慌和不安心理持續支配著我們，決策的控制中心將不再是自己的前額葉，而可能變為不斷地依賴的群體心理和專家。

04

克服情緒的真正股票投資

　　在這一章即將結束之前，我想問大家一些關於至今為止瞭解到之內容相關的問題。當然，問題的回答會由我來告訴大家，但希望大家參考這個問答，在今後實際投資股票的時候，能夠克服自己的各種情緒，並以此為契機仔細思考自己能否做出明智地判斷之舉。那麼第一個問題，當大家買進的股票突然股價暴跌或持續下跌時，需要具備什麼樣的心態和對策呢？

　　讓我們想想吧！我們大腦的恐慌機制啟動後，會立即下達逃避的命令吧？ Fast 系統判斷為危險情況，大腦的扁桃體和一大群相關的部位會急忙向全身傳達逃避的信號，收到信號的心臟會努力輸送血液供給整個身體，血液中的氧氣會立即送到大腦和肌肉，做好快速逃跑或戰鬥的準備。作為可靠的盟軍，腎上腺會將皮質醇分泌至全身，不放鬆警惕以應對任何突發狀況。

　　那麼，對於這個問題的適當回答究竟是什麼呢？第一，

利用額葉向自己提問吧。首先深呼吸 2 ～ 3 分鐘，使踩了油門的邊緣系統鎮定下來，再使用具有剎車功能的前額葉皮質，不要在不安和恐慌的狀態下立即使用手部肌肉（買進賣出），而是試著使用前額葉皮質向自己提問。由於股票市場中隨時都會出現危險信號，所以才需要類似「這是真實的危險情況嗎？還是假的危險？危險的話有多嚴重呢？」或是「難道沒有其他證據佐證嗎？」這樣的提問。因此，如果企業和市場確實有發生嚴重的情況，便可以按照事先準備好的劇本下達命令。自己買的股票在股價急劇下跌時，理所當然地會開始恐慌和動搖，但這種時候對於那些已經事先想好下一步的人來說，便能很快地安下心來。

　　第二，買進股票時必須要事先考慮股價可能會下跌這一點。股價並非單向通行，不是只會上漲而已，也有可能會下跌，因為參與在股票市場中的每個人皆有各自不同的想法。雖然這是理所當然的事情，但確實很多個人投資者從一買進開始就只想著上漲這件事吧？那也是因為大部分人皆希望能夠儘快獲利，這類投資者如果突然面臨股價下跌，便會產生嚴重的恐慌反應且不知所措，最終驚慌失措地急忙拋售或衝動地追加買進而蒙受巨大損失。

　　第三，檢查自己最初設立的投資觀點，並判斷所投資企業目前的情況。一言以蔽之，應該重新審視自己最初買進該股票時對於該企業的投資觀點，像是需要判斷「我買進的企業股票，其銷售額和營收仍持續成長，對其未來發展仍有信心或認為至少是絕對不會倒閉的高水準公司嗎？」或者「現在的不利因素是會造成該企業在至少未來幾年的成長性上受到影響嗎？」等企業層面問題。另外，同時還需要判斷「目前的下跌是導因於金融市場或股票市場內部的問題，而至少需要幾年的時間才能恢復嗎？」或者「是類似於恐怖攻擊等外部問題所導致，所以在恢復上所需時間會較短嗎？」等問題。舉例來說，由美國市場次貸危機引發的金融危機和因新冠肺炎大流行引發的股價下跌，對經濟層面造成的困境係屬相同，但在股價恢復層面卻有所差異。

　　第四，為了以防萬一，請按照自己準備的劇本來應對危機。如果下跌 20% 時該怎麼辦？如果再下跌 50% 時該如何是好？應該要像這樣分別準備好認賠賣出、追加買進或是長期持有的劇本。這樣一來，即使股價突然下跌，扁桃體也不會因為面臨不確定的情況而感到驚慌，而是會將該狀況認定為預想中之情形，不安的心理也能因此平息下來。不安會在不確定性中產生，也就是為了減少這樣的不安才需要做出努

力。而且，只有建立如此穩定的心理狀態，方能根據自己的投資手則合理地實施後續的應對方式。

第五，你的投資組合中應該必須要包括現金。也就是說，雖然根據每個人的情況會有所不同，但也要讓現金在投資組合中留有一定的比重。如果留有現金部位的話，在下跌時可以更快地找回心理上的安定，而對投資於成長性明確之優質企業的投資者來說，反而會將股價下跌作為追加買進的機會並高喊著「謝謝」。

最後，我想對大家說，有時可以考慮暫時離開股票市場和群眾，也就是從股票市場和網路上後退一步，暫時關閉時不時傳來令人不安的聲音，將會是不錯的選擇。在不安的時候散步或是冥想，並在集中精力做其他事情時調整心態，是容易找回平常心又非常有用的方法。特別是能夠擺脫從群眾中單方面傳來的聲音尤為重要，當我們避開從網路、SNS、YouTube 等多種媒體上傳來的噪音，而只忠於自己內心的聲音時，比起 Fast 系統，啟動 Slow 系統的可能性將會更高。當然，即使脫離了群眾，只要平時能做到沒有特定偏誤傾向，或懂得參考提出過合理意見的專家及有影響力之人的想法，對自己的決策也將會更有幫助。

第二個問題先看一下假想的故事後再回答吧？

＜心情隨著股價變化的金○○部長的故事＞

　　金○○部長在下班回家的路上，買了妻子平時想買的名牌包後得意洋洋地回家了。向家人表達了平時不怎麼說出口的情感，彷彿世界屬於自己的一樣，嘴角掛著燦爛的笑容，聲音越來越大、話也越來越多，原來那天他買的股票股價暴漲了。然而幾天後，在回家的路上搭著擁擠的地鐵，被某人推擠了一下便大發脾氣，回到家後也沒有打掃家裡，對於像是孩子們為何到現在還沒完成作業等的嘮叨也變多了。大家應該都猜到了，那天是股價下跌的日子。

　　正在讀本書的人當中，想必也有看到上面的故事後覺得自己像是被說中了一樣吧？當然大家都是因為心裡難受才會這樣，看著自己每當買進的時候股價就一定會下跌；相反，賣出的時候股價又會進一步上漲，這是多麼令人難受的事情啊！那麼從現在開始應該抱持著怎樣的心態呢？

　　有好事就會笑，面對不期望發生的事就會難過或煩躁，這就是人的情緒。當然，如果把這些事情視作天氣變化一樣，是生活中理所當然的事情，那麼一天就又這樣過去了。但是，如果像故事中的金○○部長一樣，經常因為股價上漲和下跌導致情緒起伏的話，那麼就應該認真考慮自己投資股票的原

因了。如果情緒經常隨著股價的走勢而波動，那麼情緒的控制中心就不是在自己的內部，而是等同於完全地寄存在被稱為股價的外部當鋪裡。這樣一來，自己的工作或人際關係當然也會很容易出現問題吧？

　　雖然因為確信自己買的股票一定會上漲才決定買進，但同時也要意識到隨時都有可能會下跌。又或者是，雖然認為自己是在股價最高點賣出，但也要瞭解股價隨時都有可能繼續上漲。如果無法以對於股票市場的變動性、實力和運氣的開放性、自己想法的有限性、人的慾望和期待的無限性之認知作為投資基礎，那麼在把錢交給證券公司之前，首先便需要對這些部分進行學習及洞察。

　　此外，對股價上漲和下跌感到焦慮而影響到日常生活的人、經常需要透過手機確認股價的人，暫時刪除 app 會是很好的方法。不看就會疏遠，擔心也會減少，這就是大腦的反應。如果被股價上下浮動帶來的恐慌和情緒起伏所壓倒，還不如不投資股票，這樣對精神健康更好。

　　最後，什麼樣的想法有助於減少衝動買賣股票的習慣呢？買進股票時我們常說「我買股票了」。話雖沒錯，然而卻會產生自己當家作主，賣與不賣也能隨心所慾的想法，而無腦衝動買賣的情況也因此產生。另外，由於稟賦效應可能

使靈活的想法受到妨礙，所以與其認為是自己買了股票，不如想成是「把資金借給了我想投資的企業」或「與我所投資企業的 CEO 合夥」如何呢？反正投資就是扔錢的意思，我覺得如果把借錢給企業的行為想作是投資的話，也是不錯的想法。沒有人會想在貸款或合夥的合約上簽訂一個小時或一個月後回收資金的內容吧？應該要關注該公司的成長，並欣然地借出我珍貴的錢給這樣的公司，或許才算是真正的投資。

為明智的投資者準備的自我診斷

相信自我探索和記錄的力量吧！透過誠實的回答可以讓自己進一步成長。

❶ 在自己投資的企業股價突然下跌或急速上漲時，有準備好什麼樣的劇本應對嗎？

❷ 讓我們試著說說看克服不安、恐慌及過度信任的方法吧。

PART

3

令我投資困難的偏誤

　　前兩章中，我們說明了用來思考的兩個系統，即具立即性、反射性和衝動性的 Fast 系統，與能夠集中注意力、具邏輯性和分析能力的 Slow 系統。如果重視股票投資的決策過程，就必須認知到自己也不例外地需要深入瞭解 Fast 系統的各種偏誤，且必須要努力去對抗和修正那和本能一樣存在的偏誤。當然，不可能可以完全消除這種偏誤，即使有可以完全消除的情況發生，也會是對日常生活中影響不大的部分。問題在於投資的世界中，某些偏誤可能會反覆地出現，而這就會導致致命的判斷錯誤，從而帶來巨大的損失。對於某些意志力薄弱的人來說，這些偏誤可能會以認知上的歪曲表現出來。如果不斷地反覆而成為一種模式的話，也可能就此定型為自身的思考模式。

　　電影《美麗境界》中有一幕是患有精神分裂症的主角，作為經濟學教授用數學解釋了全新經濟學原理的場面。既有的經濟學曾是透過如此複雜的函數呈現的學問，在 2002 年卻發生了心理學家獲得諾貝爾經濟學獎的重大事件，前面介紹的丹尼爾・康納曼教授就是這些跨領域的主角之一。相信很多人已經瞭解過他的行為經濟學理論，比起介紹或反覆引述，我更想以理論、心理學和大腦的變化為基礎，說明有關於股票投資時我們的情緒與想法。

01

一定會被背叛的過度信任

　　雖然有很多人因為無力或憂鬱、不安或勞累而到精神科就診，但卻沒有看過有人主動來醫院就診是因為認為「自己最優秀」。只有秉持著認為自己的事業會興旺的樂觀態度，才能開啟事業之路，就像假如對於自己選擇的婚姻沒有抱持著能夠幸福的積極想法，就不會成為新郎、新娘步入結婚禮堂。這種樂觀性和確信是我們生活與發展持續下去的重要修養。世界充滿多了少不確定性？在這個就連明天也無法預知的世界裡，開立新餐廳、進入新職場都是極其需要積極性和勇氣的行為。然而，如果這種積極性不踩剎車，而是以過度的信任表現出來，隱藏的各種問題將相互發生衝突。

　　90% 的司機認為自己的駕駛水平屬平均以上，又或者是例如大多數新生企業的創立者認為自己在公司內部負責的業務對於自己公司的命運有 80% 以上程度的巨大影響力。諸如此類的調查結果即為「錯覺優越性」，經常作為過度信任之事例出現。這是認知偏誤的其中一種，只集中於自己知道的

事情，無視自己不知道的事情；只集中於自己想做的事情，無視他人的計劃和能力；在說明過去和預測未來時，只聚焦於因果關係，無視運氣所產生的影響等，因而造成了這些歪曲的現象，丹尼爾‧康納曼教授曾如此解釋道。

　　投資的世界也不例外吧？因為過度信任而蒙受巨大損失的情況非常常見，而過度信任和結伴出現的思考偏誤則是造成損失的原因。從現在開始，我們將觀察與過度信任相關之代表性偏誤。

❶ 我對股票有天賦！──控制的錯覺

〈進行樂透選號的朴〇〇和金〇〇的故事〉

　　朴〇〇和朋友金〇〇久違地見了面，吃完晚飯後在金〇〇的提議下，一起去到了附近的便利商店買樂透。朴〇〇選擇了電腦自動選號，但金〇〇卻仔細認真地畫了六個數字。金〇〇以滿懷期待的表情說道：「這次可以期待一下，因為我畫的號碼是最近用分析法挑選出來的數字。」朴〇〇用無法理解的表情疑問道：「自己選號更容易中獎嗎？」

　　你認為樂透中頭獎的機率會根據電腦自動選號或是自己

親自選號而有差異嗎？假如差距只有 1%，當然就應該要選擇機率高一點的方法，但兩種方法的中獎機率當然相同。那麼，為何會發展出電腦自動選號及自己選號兩種方式呢？也許是因為存在像金○○一樣有屬於自己獨有的祕訣，或是有種錯覺認為自己可以影響那需要特別幸運才能中獎的結果，所以才會發展出自己選號吧？

〈命中註定一輩子生活在江原樂園的李○○的故事〉

幾年前，在江原樂園所在的旌善地區，已經分析百家樂 15 年的李○○露宿街頭的畫面出現在了電視上。吸引我們眼球的是李○○將這些年對百家樂的分析詳盡地撰寫在他褪色的筆記本上。讓我們來聽聽李○○說的話吧？「我分析了 15 年，雖然現在還有些不足，但馬上就要完成了。」

15 年間損失了數十億韓元，至今依然表示還需要時間進一步分析，採訪的記者應該感到很茫然失措吧？但令人驚訝的是，這些事情並不只會發生在樂透或是賭場上。

＜自信感惹禍的崔○○的故事＞

崔○○上學時學習成績還不錯，算是學霸型的學生。這樣的他認為不能只靠薪水過活，所以開始隨意地讀了一些和股票學習相關的書籍，便用自己的秘訣開始投資股票。以1,000萬韓元開始投資，資金變成2,000萬韓元上下之後他感到更加自信了。「我肯定對股票有天賦！用我研究的圖表分析法進行買賣的話，我很快就能成為富翁！」之後崔○○向銀行貸款了1億韓元進行股票投資，結果沒過多久就蒙受了巨大損失，目前正在進行破產聲請。

不管是長期分析百家樂的李○○，或是在波濤洶湧且充滿不確定性的股票市場中過於相信自己的崔○○，都是因為對自己的過度信任最終成為禍端的例子。透過自己的研究所獲得的知識和戰略以及過去獲利的經驗，種下了讓人們誤以為自己就連往後的發展與結果也都可以控制的錯誤確信。所謂控制的錯覺是指：如果按照自己的努力和知識或是經驗行動，就可以對結果產生影響的強烈但錯誤的確信。事實上，類似控制的錯覺之認知歪曲現象，比起在100%純靠機率（運氣）就能得出結果的樂透或百家樂，在某種程度上需要數據

分析能力的運彩、賽馬和賽車等賭博中更是常見。

　　曾有專家能夠預測到 2020 年初表現良好的美國股票市場在短時間內會暴跌 30% 以上嗎？隨著新冠肺炎在全世界擴散，事前又有誰能預測這將對股票市場產生什麼樣的影響呢？當然，以各種經濟指標和過去的資料為基礎，分析產業和企業並預測可能影響股價的各種因素，是股票投資中必須要做的功課，像是消費者信心指數、進出口貿易指數、國際收支、失業率、製造業指數、美元指數、匯率等諸多景氣指標和市場數字都是需要關注的部分。以這樣的分析為基礎計劃投資、確保現金流，政府同樣以此制定國家政策，而這也是所謂做很多功課的專家們所鑽研的領域。因此，分析有其必要性，專家的見識、知識和經驗也很珍貴，但正如自己堅信結果和未來可以按照所分析的模型或推測，又或是透過某種預測用模型來準確預知一樣，我們的大腦將會因此失去靈活性。透過上升的自信心和自我陶醉，做出錯誤判斷的可能性也會跟著增加。

❷ 早就知道這次會漲了！──後見之明偏誤

〈因一次錯誤預測而慘敗的斗山隊的故事〉

　　九局下半沒有出局。以四比五落後的斗山隊 2 號打者，將 LG 隊壓軸投手的快速球擊出安打並穩定地站上了一壘。斗山隊教練經過深思熟慮後，要求超過三成打擊率的 3 號打者以強攻代替短打，可惜結果還是失敗了。隨著擊出的球在投手面前虛無地滾動著，發生了跑者在二壘出局的最壞情況。結果，斗山隊在這之後也沒能抓住機會，最終敗北收場。此後，體育台和輿論大量出現了譴責斗山隊教練策略的文章。譴責的內容大部分是認為 3 號打者應該用短打代替強攻，以將比分扳平。

　　雖然可以理解斗山隊球迷的惋惜，但有這麼多的專家們能力凌駕於教練之上，還真是令人吃驚。這是一個只看結果就進行指責的殘忍故事，真想讓他們自己也來當教練看看。

　　類似的情況任何時候都有可能發生，對吧？經濟學家原本對 2008 年當時的世界經濟走勢非常看好，但卻與預測相反，當年始於美國的嚴重金融危機，讓世界經濟陷入了艱困

的局面當中。對此，專家們又再次對始於美國的金融危機原因進行了一個邏輯明確的解說。他們分析道，這是由於 FED³印製了太多鈔票，且銀行疏忽了自己的資本規範，貸出過多資金進而引發的一場危機。聽著他們的解釋，感覺好似金融危機本就應該發生，且從這一分析過程來看，似乎也是一件不可避免的事情。那麼，如此聰明的人們為什麼不提前發出危機警告呢？這是因為專家們也陷入了「我就知道會這樣」的後見之明偏誤。

重新閱讀 2019 年發布的經濟展望報告，可以看出 2020年新興國家的經濟處於成長狀態，股票市場前景也較為樂觀。但誰能預料到呢？新冠肺炎疫情擴散至全世界後，2020年 3 月股價驟跌 30%，全球皆處於恐慌狀態。此後經濟復甦緩慢，但股價卻恢復到原來的高點，2021 年初則又刷新了歷史新高。

對此，經濟專家再次具邏輯性地高談闊論金融危機的原因，並就股價恢復後又大幅上漲的原因，也做出了很好的整理。不過這樣看來，透過貨幣流動性過剩、科技產業的主流趨勢、美國拜登總統當選和環保產業的成長趨勢、韓元強勢

---

3 美國聯邦準備系統，簡稱美聯準。

等，本就應該足以合理地預測股價上漲的原因，卻為什麼無法提前告知，一定要事後才進行說明分析呢？當然，專家們經常預測未來，但預測卻不總是準確才是問題所在。

後見之明偏誤是在每天股票市場交易結束後，從當天解說股票市場行情的節目就能馬上獲得證實的偏誤。節目中對於今天某檔股票股價上漲的原因、美元指數下跌的原因、外資買進增加的原因等，都會給出極具邏輯性的解說，但重點是這些說明總是在收盤之後。今天和明天雖然只差一天，但解說卻能截然相反。S&P500 指數下跌的話，是因為擔心新冠肺炎傳播擴散而下跌，第二天 S&P500 指數重新回升的話，是因為新冠肺炎的影響已經反映在股票市場上，所以不再是不利因素。在得知結果後回想起來，所有事情都會好似依循著某種偶然性和機制，一一發生了應該要發生的事情。

後見之明偏誤會以什麼方式危害著人們呢？一旦我相信自己已經知道了，就會引起自滿並認為自己是一個聰明且能夠預測未來的人。在日常生活中或股票市場上的自滿，會導致自己進行錯誤決策，最終嚐到巨大損失的結果。除此之外，另外還有有類似後見之明偏誤的「結果偏誤」。對此，丹尼爾・康納曼透過以下方式說明了：

雖然是個不危險的手術，但讓我們試想一下因意想不到

的意外導致患者死亡的情況。「其實這是個有風險的手術，醫生應該更加慎重地研究整個手術的進行方式。」接到此案件的法官會如此表示的機率很高。就像這樣，試圖將先前做出的決策，以最終的結果而非其中的過程作為判斷標準的「結果偏誤」，說明了決策當時合理的確信卻在事後成為遭受指責的理由之情形。結果偏誤對於醫生、金融專家、體育教練、高層經營者、社會福利決策者、外交官、政治家等代替他人決策之人尤其不利，只要最終結果不甚理想，無論是多麼好的決策都會受到指責，往後就連曾經做出的成功決策也將不再得到信任。

　　因股票成癮而來到我的診所就診的人也有相似的地方，比起決策的過程，他們更看重結果。股價有可能會上漲，也有可能會下跌，自己的預測不是本來就可能正確或錯誤嗎？但是，如果只想著「只要獲利就行了！」而只看重結果，就幾乎不可能掌握持續投資的方法並成長為明智的投資者。最終，由於他們只重視獲利的結果，很有可能因此變成追求主題股、暴漲股、短線利益的賭博者。

　　然而這並不意味著要消除樂觀性，更不是說不要進行預測。投資者當然要有信心，在分析並調查各種資料後確信自

己所做出的投資決策，但問題總是在於「程度」。如果自信感太強，就有可能會出現問題。在投資期間，如果自信過度，很有可能只獨鍾自己所選擇的投資標的，而無視其他各種投資組合的可能性；抑或是使得買賣交易變得更加頻繁，但如果投資組合如此頻繁地變更，很顯然地比起獲利，損失的可能性反而會更大。

在投資的世界裡，決策的「過程」尤其與「結果」同等重要。即使透過自己的經驗或分析預測正確，也必須要對於「以此 100% 解釋結果」一事持有保留態度。事實上，能夠確認為切實影響結果的因素並不多，因此應該要集中關注於其中幾個確切的因素，剩下的則選擇放任不管。錯誤的投資者們認為，假如結果良好，是因為自己分析出色，其中的過程也是好的；假如結果不好，是我做錯了，其中的過程不甚理想才會如此，展現出諸如此類致命的錯誤想法。然而長期以來能夠取得成功的商業領域或體育球隊之運營團隊等，都是透過靈活的思考，不僅重視結果，也會重視決策的過程。

曾任美國財政部長的羅伯特・魯賓 Robert Rubin 曾如以下談論到過程的重要性：

隨便做的決定也可能成功，深思熟慮後做的決定也可能失敗，這是因為潛在的失敗可能性隨時都有可能變為現實。

但從長遠來看，越是深思熟慮後做出的決定，結果就會越好，而且比起以結果論事，以其中過程為標準進行評判時，人們會更加深思熟慮。

　　無法按照我們的計劃和預測進行的事情，並不侷限在股票市場上發生的事情不是嗎？大家都相信自己的行為和生活大小事可以靠自己的力量來掌控嗎？即使是 10 年來行經的上班路，預計到達所需時間為 40 分鐘左右，確信這樣的上班路能讓自己擁有 10 分鐘的早晨咖啡時間，卻也有被打破的時候。像是突然發生的交通事故導致上班路需要 1 個小時以上，這誰能預料到呢？像這樣於掌控（預想）之外的結果在我們的人生中經常發生，著實不足為奇。

　　因此，不能因為結果按照了自己的分析和預測而感到自滿，也毋須因為出現錯誤而感到沮喪，反正結果總是會有掌控之外的部分介入其中，我們稱之為運氣，稱之為機率，也稱之為自然法則。即使不屬於其中之一，那也會是集運氣、機率、自然法則於一體的三重奏。

　　最後，要瞭解記錄的重要性。誰都不喜歡兵荒馬亂的感覺，假如我可以在突然出現某件事情的時候，當作像是自己已經預見過了一樣，就能夠減少這種驚慌，不覺得這是個絕

妙的方法嗎？然而，我們必須瞭解到有所謂的偏誤正在發生
作用這件事，縱然這並不代表當我知道是什麼樣的偏誤正在
作用，就不會總是掉進那個陷阱。不過，學者們正是為了避
免陷入後見之明偏誤的陷阱，才會建議提前記錄下自己的預
言，並在事情結束後比較一下實際情況和自己的預言，就可
以知道自己的預測有多麼地不準確，同時亦瞭解到這世界並
不容小覷這一點。然而，這不表示因為所有的事情都不確定，
且又沒有一個完美無缺的世界，所以乾脆不要進行預測或準
備的意思。雖然陷入後見之明偏誤而總是充滿傲慢的態度會
是個問題，但是毫無防備地不採取任何應對措施，卻也不會
是一個具有效率的決策過程。

02
討厭危險的不安與恐慌

　　每個人都追求熟悉而安全的舒適感，所以會儘可能地消耗最少的能量來維持人體本來的恆定性。然而打破這種恆定性的正是「壓力」，根據情況讓人產生不安與恐慌的情緒，所以不安與恐慌其實就是我們對壓力和威脅的正常反應。「不安」是內在的情緒，是對模糊而未知的威脅所作出的反應；「恐懼」是外在的情緒，是對明確而可知的威脅所作出的反應。擔心「這次期末考試能考得好嗎？」是不安的反應，看到路過的蛇後受到驚嚇則是恐慌的反應。回顧前面所探討的內容，人類的大腦中存在迴避系統，也就是所謂不安－恐慌系統，對吧？此系統的存在目的，就是保護我們避免陷入危險的情況當中。

❶ 討厭損失！──損失趨避

　　你今天 A 股票和 B 股票各以 10 萬韓元的價格買進了各

1 股。幾天後，A 的股價下跌到了 5 萬韓元，B 的股價上升到了 15 萬韓元。當你因為突然需要 5 萬韓元，而必須賣出其中一個標的時，你會選擇賣出哪支股票呢？

　　你會選擇賣出上漲的股票實現獲利嗎？還是賣出下跌的股票承受損失呢？這時很多人應該會因為害怕和討厭損失，所以選擇賣出股價上漲的股票。像這樣因損失而遭受的痛苦，相比獲得相同程度利得時的喜悅要大上兩倍的感覺，被稱為損失趨避。舉例來說，人們比起獲得 100 萬韓元時感受到的喜悅值，失去 100 萬韓元時感受到的痛苦值會是兩倍之多。誰也不知道股價以後會變得怎麼樣吧？然而通常，股價上升是有值得上升的理由才持續走高，如果趕緊賣掉，獲利幅度很有可能受到限制；相反，股價下跌應該也是存在了股價下跌的理由，如果放任不管，股價會與期待不同，更加下跌的情形也很多。假如往後的劇情發展是正向的固然很好，但有時卻不一定如此，像是當我們看到出售些微獲利的股票後，股價卻進一步上漲時會感到肚子痛；或是手握正遭受損失的股票未賣出，但因股價持續走跌，因而成為了所謂的非自願性長期投資者等。

❷ 只挑選暴漲標的吧！──權威偏誤

　　在某股票論壇裡，崔○○算是擁有一定名氣的股票分析師。在掌握了當時廣為人知的波動分析法、斐波那契分析法等多種分析方法後，終於創設了自己的獨創分析法並大賺了數十億韓元。很多人為了跟隨崔○○的祕訣，多則繳納了1,000 萬韓元以上的 VIP 會員費加入該論壇。然而幾個月後，崔○○因涉嫌詐騙被逮補的新聞報導震驚了世界。

　　曾經有位 50 多歲家庭主婦與女兒一同來到了我的診所，她們大約四至五年前在毫無準備的情況下開始了股票投資，結果因為賠了錢最終放棄了。一年前開始，她們在 YouTube 上瀏覽到投資專家們的影片，找到了直接公開自己收益並自稱專家的人，因而開始了國內和海外的期貨投資。雖然短短四五天裡，每天獲利幾百或幾千萬韓元，但是後來虧損時因為無法成功拋售，而反覆好幾次都是一次性地蒸發了幾千萬韓元。她們認為只要更加努力、堅定決心就必定能挽回損失，所以利用信用卡貸款和第二金融圈繼續投資，最終還沾上了年利率 2,000% 的非法高利貸，試圖以此大賺一筆。當然，只經過了幾天的獲利後，一次的巨大損失就讓她們演變成失去所有既得獲利的情況。家人得知後，好不容易說服她們去

醫院就診，據說該名當事人當初是為了幫補家計而在超市認真地工作後，用存下的錢開始投資。現在則是將當時存下的錢全部賠盡後，還留下了幾億韓元的債務，真是令人惋惜。

　　我們周圍隨處可見自稱專家的人，預測明天股票市場走勢或是特定標的之股價。即使是現在立刻打開網路論壇、經濟節目或 YouTube，也隨時都能看到很多人說「賣○○股票吧，買○○股票吧。○○股票現在開始會火起來」等言論，不是嗎？甚至很多人都會被他們不負責任的主張所左右。過去在電視或經濟報紙上會出現的知名專欄報導曾經很受歡迎，但在 YouTube 和 SNS 成為主流媒體的今日，擁有各種背景並自稱專家的人，正在以全新的方式登場。他們之中雖然有與觀眾分享專業知識和寶貴經驗，幫助觀眾進行合理思考與判斷的真正專家，但也有誘惑大眾的耳朵和心靈，引導他們走上錯誤道路的吹笛人。

　　大家應該都聽過「貝利的詛咒」，但貝利是誰呢？他是在 1958 年、1962 年和 1970 年三屆世界盃上帶領巴西奪冠的主角，也是被稱為「足球皇帝」的傳奇中的傳奇人物。然而這樣的貝利在預測足球比賽的勝負時，大部分的結果卻都與其預測截然相反，因此才會被稱為是詛咒。足球傳奇人物貝利在世界盃上比一般人，甚至比 2010 年南非世界盃成為一

時話題的神算子章魚保羅的預測還要不準確，這像話嗎？但是這不像話的事情就是會在現實中發生。

人天生就是具有依賴性，嬰兒是一個出生後會因為不能自己生活和進食，很快就會無法繼續存活，只有在媽媽的哺育還有保護下才能成長為獨立個體，所以我們才會說人是具有 100% 依賴性的存在。然而如果在學會走路、進入學校結交朋友後，也還是會只想待在媽媽身邊，就會變得無法獨立成長了。在自我和人格發展完全並成長為成人後，本就應該要倚靠自己的判斷和決策過生活。

然而，隨著我們進行股票投資，卻再次出現倒退回幼兒時期的現象，不安和恐慌可以用於說明其中原因。通常不是都一定會有上了小學後，因為不想和媽媽分開而哭哭啼啼的孩子嗎？這是因為世界對他們來說凶險萬分，似乎無法自己獨立生活的恐懼襲擊了那些孩子。在投資的世界裡，一開始也可以透過專家的哺育和照顧得到一定程度的幫助，但是一個人最終要想長期持續投資的話，就要開始進行獨立思考、判斷和決策的練習，而高明的專家會是幫助我們經歷這些過程的人。但是，相信專家的話並投資的人，很有可能在成功投資一兩次之後，就會開始盲目地遵循他們的話，進而變得更加依賴，可是沒有人能夠完美地預測未來，所以當然很難

保障後續能夠持續地獲利。在這種情況下，有些人會事後諸葛，指責提供錯誤訊息而害其蒙受損失的專家們，而這也是一種逃避自身責任的心理防禦機制在作用的關係。如果啟動「這不是我的錯，而是那個騙子的錯」的投射機制，自己就可以免除罪責感和羞恥心。另外，有些人在打破了對專家的信任之後，雖然憤而留下惡意的言論發洩，但最終還是只能在懊悔中變得憂鬱。

　　通常損失趨避嚴重的人反而可能會不願意投資，或是即使艱難地開始投資，只要股價稍微下跌就會變得無比不安，日常生活也會受到影響。投資應該是自己計劃、決策、負責的一系列過程，這雖然是個很基本的道理，但如果我們能做到從一開始就充分地考慮並持續進行投資研究，即使面臨波動，內心也相對較能波瀾不驚。當然在股價下跌或出現損失時，沒有人不會感到不安或痛苦，在這種情況下，如果能夠理解和接受股票市場的變動性並擁有等待的耐心，或許可以減緩一些不安。另外，如果能提前確立並記錄下每當股價上漲或下跌一定幅度時就要進行賣出，也會是個很好的習慣。如果在股價上漲時認為還會繼續上漲，下跌時也害怕損失確立，隨時都好似不是賣出的時機點的話，將會很難獲利吧？記錄之所以重要，就是反映在這樣的時刻上，因為我們總是

會在原訂目標股價來臨時，尋找其他理由一再地迴避損失，所以才需要記錄下來，讓自己無法有任何辯駁的餘地。

　　如果面臨損失，或是抱有期望之股票的股價下跌，任誰都會感到不安，並對自己的判斷和決策產生懷疑，這時我們會本能地尋找比自己更強大的力量，在股票市場中比我們力量更強大的人正是專家們。其中高明的專家們會說明自己的理論背景和依據以導出結論，並讓我們把他們的意見只作為意見之一來參考。作為投資者的我們的角色則是在接收各種專家的意見後，再自行統一整理。雖然持續投資並夢想成為富翁的人，學會參考專家的意見進而積累知識是很重要的事情，但是尚須透過扎實的自主學習與練習的過程，最終才能夠實現獨立。如果對自主學習沒有自信，或者盲目地相信自稱專家的人，又或者對做出投資決策感到無比恐懼的話，倒不如乾脆不要投資會更好。

03

需要進一步瞭解的錯誤偏誤

❶不能虧本拋售！——沉沒成本謬誤

A 公司為推出 a 產品耗費了兩年時間，在總投資額 10 億韓元中已經投入了 7 億韓元，期待著再投入剩下的 3 億韓元，幾個月後計劃產品上市就能夠逐漸回收投資費用、盈利增長。然而，突然從競爭公司 B 公司聽到了完全沒有預料到的新產品 b 將於本月上市的消息，更令人擔憂的是，在對該產品進行性能分析後，結果顯示各方面都相較自家將要上市的產品更加優越。現在，A 公司的代表陷入了深深的苦惱，究竟應該再投資 3 億韓元推出 a 產品，還是要現在立即停止投資，確保剩下的 3 億韓元不會受到虧損。

朴○○是位 20 多歲女性，從幾個月前開始因為憂鬱和憤怒等原因來到了門診。她表示交往五年的男朋友出軌了，並且在跟自己交往的期間也劈腿好幾次。每次她只要非常生氣地提出分手，那男人就會邊乞求原諒邊說自己錯了，然後

對她好，所以她又會反覆地選擇原諒。結果，一個月前又發生了類似的事情，讓她感到非常疲憊。我問她是什麼原因讓她和如此讓人失去信任的男人一直交往下去，她說：「和那個男人交往的時間太可惜了啊！醫生您不會知道我為了維持這段關係付出了多少努力。」

　　金代理省下薪水存出 1,000 萬韓元種子資金，加上貸款一共創造了 2,000 萬韓元的投資資金。當初是在聽到同事們投資股票獲利的消息後，覺得好像只有自己落於人後，所以才開始投資股票。在買進了 YouTube 專家推薦的投資標的後獲利，感受到了像是進入一個新世界的刺激感。然而沒過多久就開始虧損，兩個月內本金損失了高達 50% 之多。懷著惋惜的心情向周圍同事訴苦，也翻看網路論壇後，才知道自己買進的標的是一支公司尚未有太多實績的主題型股票。太晚才知道股票市場是個可怕的地方，感到後悔也曾想過要放棄，但只要一想到辛苦存到的 1,000 萬韓元就在眼前消失便無法入睡。為了想方設法挽回損失的錢，最終向周圍的人借了錢後又再投入了 1,000 萬韓元買進股票。所謂攤平成本，就是為了想要降低買進均價，先不管金代理的迫切和期待，追加買進這件事本身不正意味著股價又進一步下跌了嗎？結果在本金損失了將近 80% 左右之後，金代理感到更加地後悔

和悲慘。

　　前面提到的案例都是典型被困在沉沒成本謬誤中的情形，所謂沉沒成本謬誤是指由於對於已經投入的金錢、熱情、感情、時間感到可惜，導致當下無法做出其他合理的選擇。

　　A公司在兩年的歲月裡已經將70%資金投資在新產品開發上，放棄該投資案就意味著承認最初判斷錯誤，也代表著推進該投資案的團隊後續要承擔相應的責任，因此確實有可能會感到害怕。但即便如此，為了避免更壞的結果，無關於過去誰投資了多少資金，都要根據現在嚴峻的情況和對未來的客觀性展望，做出新的判斷和選擇。

　　朴○○也是不想承認自己為了與戀人持續交往而付出努力卻徒勞無功，也對於未來是否會出現有緣人充滿著不確定性，感到不安而導致遲遲無法放下，才陷入了沉沒成本的謬誤之中。

　　同樣，金代理在股票市場上不考慮企業的價值就進行交易，將股票投資變成了一種賭博遊戲。如果仔細分析企業的基本價值並購買績優股的話，即使股價突然嚴重下跌，反而也會被認為是低價買進的機會而追加買進，但金代理卻不是如此。假如只以價格為基準買進股票的話，那麼在進一步下跌時，就會陷入執著於攤平股票成本的典型沉沒成本謬誤，

最終導致了成為該股票非自願長期投資者的結果。

　　諸如此類的沉沒成本謬誤，不僅在日常生活中，在股票市場上也很容易看到，其中隱含著恐懼於承認過去做出了不正確的判斷與選擇，同時也是為了迴避對其他未知的選擇感到不安的心理。

　　那麼，沉沒成本謬誤在股票投資的什麼情況下比較容易體現呢？首先，在未進行企業分析的情況下受到他人推薦某檔股票，便直接買進的情況就是一個例子。這種時候面臨股價下跌的話，我們會感到不知所措，很容易就把投資變成了一場長期抗戰。另外，意外的是，即使在一定程度上努力地分析了企業後，才買進股票的情況下也可能會出現，因為準確預測未來是不可能的事情，但每個人都很難承認自己的選擇存在矛盾。因此，在股價下跌或出現新的重大訊息時，再次確認過去自己選擇該企業的理由和標準，承認自己也可能會做出錯誤的選擇與判斷之思考靈活性比什麼都重要。如果確認了自己的選擇存在問題，那麼就要承擔損失，也需要有勇氣在一定程度上承受面對新選擇所產生的不安感。只要你們能做到如此，就可以朝著更好的方向持續投資股票。

❷ 我的股票是最好的！──稟賦效應

＜過於相信自己所買股票的朴○○的故事＞

　　朴○○上學時特別喜歡科學和數學，對於數字感到熟悉也滿喜歡分析事情。因此，聽到最近股票投資是大勢所趨的消息後，看了書店推薦的書，上網查找資料和觀看股票相關節目，慎重地列出了 10 個投資標的清單，最終買進了其中前景最為看好的 A 股票。事實上，在選擇標的之前，清單中各企業作為比較對象，分別之優缺點讓他在最終選擇上很是苦惱，但最終購買 A 股票後，對於其他標的則是再也不關心了。此後，A 股票在約 6 個月的時間裡雖然有漲有落，但開始出現了約 30% 左右的收益。原本買進時計劃在獲利達 30% 後就賣出的朴○○改變了想法，因為買進 A 股票後，只關注了與該標的相關的正向分析報道、新聞和網路留言，認為該股票至少可以有 100% 左右的收益。遺憾的是，A 股票從出現 30% 收益後就開始下跌，在之後 6 個月左右的時間裡完全沒有恢復，反而回到了買進價格附近，最終朴○○連實現 30% 收益的機會都錯過了。

　　稟賦效應是指在擁有某個物品之前和之後，對其價值進行更高評價的心理偏誤。前面的案例中，在朴〇〇購買 A 股票之前，A 股票只是眾多標的之一，但經過深思熟慮後買進並記在自己的證券戶頭裡後，實際價值就被賦予了心理溢價後的新價值。

　　這種心理偏誤很容易在房地產買賣市場中觀察到，想賣房子的人通常認為自己的房子價格應該高於普通市場價格，這也是在原來的市場價值上賦予了自己對該房子的感情而產生的心理結果。因此，他們甚至將試圖以正常市場價格購買該房子的人視為無知的人，而韓國房價不容易下跌的各種原因中，這種心理效果也起到了一定作用。

　　另外，稟賦效應也體現在多種營銷手段上。我最近想在網路上買一雙鞋，雖然很滿意它看起來高檔的材質和幹練的設計，但是有點苦惱不看實體就購買真的好嗎？這時，我看到了「一個月內可以 100% 免費退貨及換貨」的偌大字樣。作為消費者，如果不滿意商品或是尺寸不合適，就會很容易產生退貨的想法，因此這句話可以讓我放心地購買。然而實際上，作為銷售者，我認為這可能是為了達到稟賦效應而採取的營銷戰術，因為實際上在該物品在成為我的東西後讓我產生感情的瞬間，就很難再把它換成其他東西了。

　　稟賦效應甚至在自己差點擁有的東西上也會產生作用。在賣場裡，我想買的東西如果被別人買走的話，會有種好似吃虧了的感覺。同樣，看到同事在股票市場上買進了我幾經苦惱後決定不買的股票，不知道為什麼會有種很可惜又虧損的感覺，而這種心情在拍賣市場上也能經常體驗到。

〈自己踢開「滾進來的南瓜」的鄭○○的故事〉

　　鄭○○在針對 20 個候補股票標的進行分析後，最終以其中 5 個投資標的組成了投資組合，慎重地投入了 1 億韓元的投資資金。但是在這之後，儘管基金經理推薦了新的優良投資標的，他都還是放棄買進，因為所有投資資金都已經用盡而必須從現有的股票中賣出一部分才行，但他並不想出售任何股票。後來才知道，那個新的優良標的是隱藏的價值股且績效亮眼，但是已經成為過去的事情了，後悔也於事無補。

　　我所擁有的汽車、筆記本電腦、手機和各種物品，雖然都不是活著的生命體，但是如果在與我產生緣分後讓我感受到對它們的感情，就會在原來的價值上增加了心理溢價，那麼當然會比別人感受到的價值來得要高。

　　儘管如此，在股票投資中有時也要銘記「不要獨鍾一支股票」的真理。我喜歡的汽車、物品、股票標的，與其說是永遠屬於我的東西，不如說是暫時交給我保管。假如想成是終歸有離開的那天，就可以以比較輕鬆的心情在適當的時候把它們送走，也就是說只要接受有相遇就會有離別的人生真理，心情就會變得輕鬆一些。大家應該都有經驗吧？和相愛的人離別固然會讓我們痛苦一段時間，但隨著時間的流逝，不是也戰勝了這些，繼續好好地過日子了嗎？

❸ 做夢夢見豬，發大財了！──圖形模式妄想症

　　鄭○○晚上睡覺時夢見金豬跑進了自己家裡，他認為這是個不尋常的夢，在沒有告訴任何人的情況下買了樂透。抱著也許可能中獎的希望看了電視開獎，結果是「摃龜」收場，最後灰心喪氣地說：「可不是嗎？原來是個白日夢！」

　　趙○○已經是第三年投資股票了。第一次投資股票時，是在聽到周圍有人說○○股票上漲的消息後，用這段時間努力存下的 500 萬韓元開始了股票投資。雖然是毫無準備就開始的投資，但很神奇地在一個月內足足獲利了 30% 以上，因而同時產生了喜悅、遺憾和慾望三種情感，說著「早知道就

再多投資一點」而貸款了 2,000 萬韓元，並改為使用有較多股票推薦訊息且獲得許多投資人喜愛的證券公司 app 後，開始重新投資。但是，這次在一個月內就虧損了 40%，於是產生了「以前銀行 app 比較適合我」的想法，就把剩下的資金再次轉回至以前使用的銀行 app 上繼續投資。

圖形模式妄想症 Apophenia 是德國精神病學家克勞斯・康拉德 Klaus Conrad 曾解說過的單詞，意指找出並相信相互無關現象之間的意義、規則和關聯性的行為。人們總是強調合理性，但這與現實還是有一段距離，也就是說我們的大腦會有很多不合理的情況產生。不是都說夢到豬或夢到龍會有好事發生嗎？認為夢到豬和中樂透之間沒有關係，本身具有科學合理性之人，當自己真的夢到豬的時候，說法又會有所不同了。某天偶然在節目中看到的一位東方人在接受採訪的場面，當那位中樂透的人被記者問道：「恭喜您，真羨慕您。請問您有什麼中獎的秘訣嗎？」他表示：「幾天前我夢見一條龍飛上天，當天立刻買了樂透就中獎了，好像是託了那個夢的福。」

僅從這個人的經驗看來，夢到龍和中樂透頭獎之間似乎有關係，所以只要聽到這樣的故事，就會在夢到龍的時候產生要去買樂透的決心。那麼，夢到龍和中樂透頭獎之間真的

有關係嗎？

　　其實要證明這件事情沒有那麼簡單，因為要想確認清楚，就要找出並調查所有夢到龍又買了樂透的人。假設夢到龍又買了樂透的人共有 100 名，其中 1 名中了頭獎，那麼其餘 99 名則是都摃龜了吧？那麼只選擇中獎的 1 名來當作結果的話便會陷入偏誤之中，這種偏誤被稱為「選擇偏誤」，是證明相關性的研究方法中特別需要考慮到的偏誤。

　　類似的例子在我們周圍處處可見，像是某癌症患者從周圍的人得知一種具有抗癌效果的藥草，聽說其他癌症患者吃了它便痊癒了，隨即中斷了現有的抗癌治療服用了該藥草，但不久後病情就開始惡化了。如果該藥草真的有抗癌作用，那麼應該針對服用一定數量藥草的實驗組進行臨床研究後，確認顯著性差異結果以證明其中關聯性。當然，比起使用前後的對照研究，應該採取更高水準的依據，即透過服用真藥草和假藥草的對照組在互相不知道對方服用之物的情況下，將兩者進行對比的雙盲試驗研究。

　　有時在經過便利商店前面時，會看到寫著「本店為開出三次頭獎的風水寶地」等斗大文字，而實際上很多人確實會尋找這樣的風水寶地來排隊買樂透，可是在這樣的地方買樂透，中獎機率真的會比較高嗎？如果在首爾某處的所謂樂透

風水寶地購買的樂透中獎機率真的比較高，那麼住在濟州島的人即使是坐飛機也應該要考慮到那邊去買樂透。然而，我們社區裡的便利商店和多次中頭獎的便利商店，中頭獎的機率都是一樣的不是嗎？但是人們就是會懷著既然已經出現了幾次頭獎，就會再次出現頭獎的迷信思考而排著隊。不過隨著那家店購買樂透的人越來越多，當中出現頭獎的情況倒也是可能會增加一些，但機率層面上並不會有所不同。因此，如果真的很想買樂透的話，就在家門口買就可以了，尋找風水寶地只有對那間便利商店老闆來說是好事而已。

我記得小時候曾經為了撿四葉草，在樹下仔仔細細地翻找過，當時應該是帶著幸運會隨之而來的期待和信任才會那樣的吧？然而，當年紀增長一些之後就不再那樣做了，因為我已經知道，幸運不會來自一片葉子。

事實上，圖形模式妄想症也有正向的一面，它是創意性想法發源地，但是把與股票投資無關的事情相互串連起來思考的認知歪曲現象，則會妨礙合理判斷的進行。如果想避免這種情形，在探討其中關聯性時，請反向思考同時一併考慮其他變數。例如，如果認為「在星期三買進股票，股價就會上漲」，那麼就需要反問自己「股價上漲的情況真的只發生在星期三嗎？」或者「並非因為是星期三，而是因為公司業

績亮眼才上漲的嗎？」我們都需要退後一步，以觀察自己的想法，就像是自己身在棋局中而看不清的地方，觀棋的人提點一下馬上就能看清的道理一樣，不是嗎？

❹ 如果成功的祕訣被歪曲了呢？──倖存者偏誤

如果有一天看到介紹投資三星電子 30 年的成功投資者的新聞，大家會有什麼想法呢？有沒有可能是「哇，果然把股票埋起來就會上漲，長期投資就是答案！」有人也是同樣想法嗎？

我們經常從周圍聽到許多成功的例子。「我這樣的生意方式成功了」、「我這樣的學習方式讓我考上了明星大學」、「我這樣的投資方式讓我賺翻了」等等。聽到這樣的話，很容易認為只要按照那個方法去做，誰都會可以像他們一樣成功，這些生存下來的榜樣們歪曲了整個統計數據的現象，被稱為「倖存者偏誤」。這讓人們陷入了只懂得接受而不會去評判那些極少數成功案例的陷阱，而低估了其中的隱患。即使長期投資三星電子大獲成功，也不能保證長期持有所有其他股票也都能成功。Apple Inc. 並非因為是一間創新企業才獲得成功，而是因為成功後生存了下來，它的創新才被認定

為有價值，不是嗎？消失在歷史中的無數創新企業都在哪裡呢？因為失敗者不會說話，也只有勝利者才會被記住。尤其最近有像是 SNS 和 YouTube 等多種溝通媒介，任何人都相較過去更容易取得眾多資訊，對吧？然而這時傳來的聲音大部分都是成功之談，假如只是小小成功的故事根本無法為人所流傳，我們只會聽得見所謂的「超級成功經驗談」，而人們也只會選擇追隨他們的成功方程式。

閱讀納西姆・尼可拉斯・塔雷伯 Nassim Nicholas Taleb 的著書《隨機騙局》時，其中指責成功投資之人的案例被歪曲的現象。書中主張他們的成功故事是由各種罕見的軼事所組成，而實際上成功的原因大部分都是 1980 年以後持續性資產價值上漲或運氣等其他因素起到了作用。如果不是處在這樣的牛市之中，而是投資於其他期間或其他國家的股票的話，即使以同樣的策略進行投資，結果也會完全不同。正如他所言，沒有人能夠完全區分運氣和實力，正如投資的世界和人生，皆是無法透過一個原因解釋結果的非線性世界。因此，即使學習成功者的投資方法和原則，最終也要熟悉並實踐屬於自己的投資原則，這樣我們才能參與在那被稱作為股票投資的生存歷史之中。

為明智的投資者準備的自我診斷

相信自我探索和記錄的力量吧！透過誠實的回答可以讓自己進一步成長。

以下說明係就未於本章提及，但為投資世界中主要出現的偏誤情形。請找出自己身上經常出現的偏誤，並在下面的表格中思考改正對策。

· **確認偏誤**：認為自己已知的知識、訊息和世界觀，與新獲得的訊息之間並不相互矛盾。當成功的經驗越多，便會越相信既有的知識，無視或排斥接收新訊息。雖然與有相同想法的人拉近了距離，但是想法卻更加地失去了靈活性。

· **權威偏誤**：比起自己相信的信念、情報，或是很多其他人的意見，反而更盲目地相信某個領域的權威人士，即使是不符合道理或常識的言論，只要是專家的話，也會有選擇追隨的時候。如果將此偏誤應用於股票投資的話，便會喪失專屬自己的投資習慣。

· **代表性偏誤**：以自己既已知道的事件為基礎，判斷新發生事件。舉例來說，看到描述某職業的特性為慎重與細心，比起認為是農夫，我們更容易斷定為研究員。就像在股票投資中，我們只要聽到是價格昂貴或有關於生技產業的股票標的，我們就會買進。

· **跡近錯失**：如果出現與實際發生結果相似的結果，就會誤以為下次必定可以準確地預測到那個結果。在投資方面，諸如錯過買進能夠獲利的股票和錯過買賣時機等一步之差就能獲利的各種情形，會讓自己認為如果繼續進行股票投資或買賣就一定可以獲利。因此，很容易陷入過度的買賣和不合理的判斷之中。

· **錨定效應**：就像定錨的船不能動作的道理，以最初的價格作為基準點，會令得自己無法進行合理的思考，往後的判斷亦受到影響。因此，假如經常進行股票分割，會造成以過高價買進或過低價賣出的情形增加。

· **賭徒謬誤**：將兩件無關的事情想像成相互關聯。因為到目前為止已經蒙受損失了，今後獲利的機會和可能性將會變高。相反，也會因此認為在運氣好並獲利後，有可能需要承擔較大的風險，巨幅損失的可能性也總是伺機埋伏於周圍。

· **解釋偏誤、合理化、認知不協調**：所有事情都以對自己有利的方向來解釋。即使現在正在賠錢，也認為可以透過獲利回補那些損失的錢；或是雖然我的股票下跌了，但我還是認為它是支潛力股；又或是獲利是因為我分析得當，虧損是因為我運氣不佳。過度信任、過度買賣、不合理的行為因此反覆地出現，容易陷入自欺欺人的境地。

· **選擇性記憶**：無意識地只選擇記住好的事情和獲利的經驗。因為有過幾次巨幅獲利，所以我認為總有一天會再次迎來相同程度的獲利，而事實也因此總是被扭曲。

· **心理帳戶**：在心中單獨設立的帳戶。省著花打工賺得的 10 萬韓元，但壓歲錢 10 萬韓元卻大手大腳地花，而在股票交易或投資中，因為錢比想象中容易賺得，很容易就會進行高風險投資，且買賣行為會受到不合理而負面的影響。

· **可得性捷思法**：只根據自己熟悉或容易浮現的想法進行判斷，將任何人都可以簡單獲得的情報或解決方法作為決策的重要依據。

· **羊群效應或樂隊花車效應**：假如某個標的有很多人買，自己就會跟風買進的現象。因此，其他投資者的股票投資或買賣決策會影響著我的投資決定，結果導致個人主觀決策能力不足。

※ 試著參考以上說明，檢查自己在股票投資時會犯的錯誤。

我的偏誤	權威偏誤
偏誤舉例	我認為 YouTube 上股票專家的故事都合理正確。
改正方式	其他專家會有什麼樣的意見呢？這和我之前找到的資訊不一樣，再重新檢視一下吧。 沒有其他反向的觀點嗎？
我的偏誤	
偏誤舉例	
改正方式	
我的偏誤	
偏誤舉例	
改正方式	
我的偏誤	
偏誤舉例	
改正方式	
我的偏誤	
偏誤舉例	
改正方式	

PART

投資成功的第一階段：
我是什麼樣的投資者？

　　什麼是性格？意指一個人的思考方式、處理情緒的方式、行動的方式、建立關係的方式，再加上目前為止提到的內容，即一個人的需求、思考系統和情緒處理系統，相互作用下持續而反覆出現的行為表現，即可以說是性格。性格的英語一般稱作 personality，專研性格的大師──克勞德·羅伯特·克勞寧格 C.Robert Cloninger 博士將性格分為「氣質」和「狹義的性格」。氣質是與生俱來的生物學特質，也就是說因為很難改變，所以可能會持續一輩子；相反，狹義的性格則是與自己的氣質和當下環境的發展情形有關。因此，需要先瞭解氣質的特質和優缺點後，再努力取長補短；而狹義的性格則需要嘗試透過良好的經驗和努力來積極發展。以此一事實為基礎，從現在開始將仔細探討代表性的性格測試工具 TCI、Big-5、MBTI 與我們投資傾向的關聯性，進而透過認識性格和成長的過程，尋找得以創造出良好的投資哲學和習慣之方法。

01

利用 TCI^4 建立投資原則

前面提到克勞寧格博士將性格分為「氣質」和「狹義的性格」（圖 12）。試著整理氣質的特質的話，第一是求新，衡量在面臨新的刺激時，行為的變化及偏好探索的程度。也就是說追求刺激的人，就會是積極追求快樂和犒賞的人。第二，危險趨避是衡量在遇到危險或受到處罰的情況時，隱蔽自己行為的程度。因此，某些人經常處於緊張的狀態或個性屬於小心謹慎，正是代表危險趨避程度較高的指標，而如果在具有潛在危險的情況下緊張情緒仍能夠得到緩解，則代表那個人是危險趨避程度較低的人。第三，獎勵依賴是與從他人獲得的信號相關，衡量個人對於維持先前獲得犒賞的行為之意願。因此獎勵依賴分數高的人屬於社交性性格，但分數低的人則相反且偏好自己獨處。第四，持久性是衡量個人為了達成目標能夠持之以恆的程度。

---

4 TCI 人格測驗是以氣質為分類，依此找出真實自我的型格。可上網搜尋基礎測驗或者至專業機構測試。

圖 12　氣質與性格

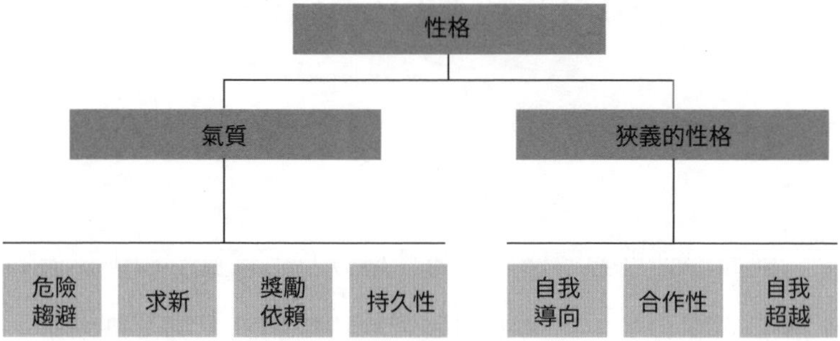

性格

氣質　　　　　　　　　　狹義的性格

危險趨避　求新　獎勵依賴　持久性　　　自我導向　合作性　自我超越

其次的目標與價值的能力，與對自身行為的控制力、調節力、適應力有關。合作性展現了對他人的接受度及同理心。最後，自我超越則是接受宇宙萬物和自然，對萬物具有同理心及認同感。

圖 13 顯示了對氣質和性格測試的結果。從現在開始，我將透過幾個示例，說明氣質和性格的特質會如何影響投資的態度。

首先，圖 13 之情形為求新的傾向非常高，危險趨避的傾向非常低，且因為極具持久性，所以會試圖持續地滿足對於成功的慾望。雖然表現出衝動和毫無節制的傾向，但同時由於樂觀地預測未來，使其很有可能做出需要承擔風險的行為。因此，投資股票時偏好以更具攻擊性的方式進行，即使

失敗也不會受到太大的壓力且很快就會忘記，像什麼事都沒有一樣重新開始。然而，如果這種傾向過度地展現的話，也有可能出現魯莽、成癮的行為。

圖 13　TCI 的第一個示例

TCI-RS 組合								
TCI-RS	特質	原分數	T 分數	百分位	30 百分位圖 70			
氣質	追求刺激	46	58	**79**			NS	79
	危險趨避	16	31	**3**	3		HA	
	獎勵依賴	59	63	**89**			RD	89
	持久性	54	59	**81**			PS	81
性格	自我導向	40	47	**34**	34		SD	
	合作性	78	75	**99**			CO	99
	自我超越	13	36	**7**	7		ST	
	自我導向＋合作性	118	62	**90**				

圖 14　TCI 的第二個示例

TCI-RS 組合								
TCI-RS	特質	原分數	T 分數	百分位	30	百分位圖	70	
氣質	求新	35	47	**41**		41 NS		
	危險趨避	77	79	**100**		HA		100
	獎勵依賴	26	29	**2**	2 RD			
	持久性	21	25	**1**	1 PS			
性格	自我導向	19	27	**1**	1 SD			
	合作性	47	42	**17**	17 CO			
	自我超越	12	35	**4**	4 ST			
	自我導向＋合作性	66	30	**2**				

　　相反，圖 14 中危險趨避的傾向非常高，想要與他人建立關係的慾望很少，對於渴望成功的動機也不足。具有這樣性格的人很有可能根本不去投資，或者即使投資也會偏好以非常安全的方式進行。由於對於投資時面臨失敗的可能性感到非常恐懼，所以就連極小的風險也不願意承擔。

圖 15　TCI 的第三個示例

TCI-RS 組合							
TCI-RS	特質	原分數	T 分數	百分位	30　百分位圖　70		
氣質	求新	46	69	95		NS	95
	危險趨避	74	88	100		HA	100
	獎勵依賴	66	78	100		RD	100
	持久性	23	30	2	2	PS	
性格	自我導向	4	5	0	0	SD	
	合作性	64	59	80		CO	80
	自我超越	11	37	9	9	ST	
	自我導向＋合作性	68	27	1			

最後，圖 15 的情況為求新的傾向和危險趨避的傾向都
很高。如果兩種傾向總是能互補和維持均衡會是最理想的狀
態。然而在均衡被打破的瞬間，各種困難就會浮現，亦即做
自己想做的事情時，雖然滿足感很高，但伴隨著衝動、自制
力不足而來的是對未來的負面預測，因此同時可能還會產生
優柔寡斷及推遲決策的情形，又或是在做出衝動的選擇後，
反覆地出現後悔或趨避的行為。另外再補充一點，從自我導

向極其低下的情況來看，代表目前正處於幾乎失去自我控制
力和自信感的狀態。

02
利用 Big-5 建立投資原則

　　深入瞭解自己的性格這件事，於決定未來時、與另一半交往時、面對和解決人生問題時皆有幫助，而在投資的世界裡也一樣吧？在每個時代和每個市場都可能存在的投資世界，致力於瞭解是否真的存在所謂成功的投資者們具有的共通性格特質，是一件很了不起的事情。因為偉大投資者的故事雖多，但是深入探討他們為何得以成功所進行的系統性分析，以及能夠以此作為後盾之可信研究並不多。現在我將介紹作為精神科醫生，運營 MarketPsych 顧問公司的理查德·彼得森 Richard L. Peterson 之研究結果。他嘗試利用五個人格因素測試，尋找出影響投資成功關鍵的性格特質。

　　首先，被稱為 Big-5 的性格測試是基於五個人格因素模型 Five-Factor Model，以因素分析方式進行統計分析的過程，實際測試採用五大性質因素量表 NEO-PI-R（表 3）。

表 3				
因素	神經性	外向性	開放性	親和性	盡責性
內容	不安 敵對情緒 憂鬱 自我意識 衝動 壓力 敏感	熱情 社交性 自信 活力 追求刺激 積極 心緒	想像力 審美感受 感性 行為 創造力 價值	信任 正直 利他心理 順從 謙虛 善解人意	能力 有秩序 責任心 追求成就 感 自律 深謀遠慮
高得分 項目	不安、 優柔寡斷、 悲觀、 敏感	社交性、 樂觀、 精力充沛	不吝於接 受新穎思 考方式與 收穫新的 經驗	重視合作 及與他人 寬厚、關 係融洽	重視自我 管理、延 遲滿足、 遵守時間 與紀律
低得分 項目	心理安定、 從容、舒坦	喜歡獨處、 內向	比起變化 更重視傳 統及習慣	自私、質 疑他人意 圖	衝動、毫 無規劃、 無法遵循 紀律

　　彼得森等人以 2,600 名投資者為對象進行了研究，結果
顯示大部分投資者所經歷的決策過程，會與偏誤相關聯，而
同時也觀察到性格特徵與投資成功與否之間亦有關聯性。

　　舉例來說，外向性的投資者喜好承擔風險，因此比其他
人更有可能追逐暴漲的股票，並在價格下跌時買進。另外，
親和性的投資者傾向於追求市場趨勢，於股價下跌時拋售、

於股價上漲時買進。像親和性這樣珍視與同事之間社會性和
諧的特質，可以用「追隨趨勢」的傾向來解釋。神經性的投
資者會傾向於在投資標的價格上升時就賣出、下跌時就買
進，但是這種以追求自信感為中心的態度，會致使整體獲利
偏低。最後，盡責性、開放性和外向性的投資者普遍會認為
自己的投資技術比別人優秀，但通常只有開放性中屬心緒穩
定的投資者才能獲得更高的收益，外向性和盡責性的投資者
似乎則是會太過於相信自己的投資能力。

　　總結至今為止的內容，對於收穫新的經驗具有開放性
（思考上的靈活性）且心緒穩定（神經性較低時），才是與
成功投資者最具相關性的特質。

　　當然，上述研究結果只是看到了相關性，很難向所有
人統一化。相反，也有作為股票交易員而成功的一部分人，
其特質與上述成功的投資者們具有的共通性格特質卻完全相
反。因此，投資者也必須要仔細觀察自身投資的態度及方式，
究竟該如何與性格特質相互連結。對於一般的投資者來說，
瞭解自己並根據自己的優勢制定出能夠避開弱點的投資策
略，才是對自己最大的幫助。

03

利用 MBTI 建立投資原則

　　從現在開始，我們將探討大眾所熟知的 MBTI 人格是如何影響投資行為，並提出可以試著應用在自己身上的全新思維模式。首先，我想介紹一下推進了透過掌握性格特質以成長為成功投資者的企劃，並從事股票交易員訓練的凡·沙普 Van K. Tharp 博士的觀點。沙普博士是一名心理學博士，於一本介紹華爾街成功交易員們的投資原則及祕訣的書籍——《金融怪傑》中曾被提及與介紹。現在我們將向大家介紹沙普博士利用 MBTI 做出的研究結果，並希望大家都能以此為基礎，根據自己的性格制定投資原則。

　　MBTI 是凱瑟琳·庫克·布里格斯 Katharine C. Briggs 和她的女兒伊莎貝爾·布里格斯·邁爾斯 Isabel B. Myers 根據卡爾·古斯塔夫·榮格 Carl Gustav Jung 的性格類型理論開發的性格類型測驗（表 4）。事實上，該測驗與現代心理學和精神醫學中使用的性格測驗不同，且有批評表示其缺乏科學研究過程及基礎，因此並不被活用於臨床醫學上，但由於已經受到大眾廣

泛使用，而可以說是一個為人所熟知的測試工具。

表 4　MBTI 的四個維度和特徵

● 關注焦點：能量是向著哪個方向？

○ 外向型（Extroversion）：將注意力集中在自己周圍的事物，透過向他人表達想法、知識或情緒來獲得能量。具社交性且活動性強，擁有廣闊的人際關係，透過付諸實行獲得之經驗理解事務。

○ 內向性（Introversion）：將注意力集中在自身，透過增加對想法、知識或情緒的深度來獲得能量。沉穩謹慎，擁有深厚之人際關係，對未來的事情會透過事前理解後才付諸實行。

● 認知功能：認識人或事物的方式

○ 實感型（Sensing）：依靠自己的五感及經驗，重視實際經驗並著眼於當下及現實來處理事情。比起注視整片樹林，更傾向注視單一棵樹。

○ 直覺型（Intuition）：依靠直覺和靈感且注重創意，著重抽象性並著眼未來。將焦點放在可能性和預感上，迅速且飛快地處理事情。比起注視單一棵樹，更傾向注視整片樹林。

● 判斷功能：決定方式為何？

○ 思考型（Thinking）：主要關注真實與事實，偏好判斷「對」與「錯」。具邏輯性、分析性，並會客觀地判斷事實。講究原理和原則，喜歡批判。

○ 感情型（Feeling）：主要關心與人之間的關係，偏好判斷「好」與「壞」。根據全面地考量周圍情況做出判斷，喜歡與人產生共鳴。

● 生活模式：偏好的生活方式

○ 判斷型（Judging）：喜歡明確的目標和方向，有計劃地、有系統地且重視時間觀念。經常進行整理整頓，並以明確的自我標準迅速地得出結論。

○ 感知型（Perceiving）：偏好開放的目標和方向，自律且懂得變通、量力而行。根據情況快速應變，經常推遲做出決策。

這裡要注意的是，不能因為一個人的檢查結果是外向型，就說那個人完全沒有內向性的性格特質，也就是說假如某個人屬於 ISTJ，並不是就會完全沒有 E、N、F、P 的特質。每個人在一定程度上都會同時擁有這 8 個特質，只是需要視每個人在各個要素中，哪個特徵更佔上風。另外，大部分人

都可以在每個維度的兩個方向之間靈活移動。

　　根據 MBTI 性格類型測驗，外向型的人將焦點放在物理上的外部世界，內向型的人將焦點放在內在的心理世界。因此，外向型投資者為了成功地投資，會在自己的周圍尋找解決方案，並關注於可以發展出什麼樣的投資方式，或是要想獲得更大的成功，應該要如何在投資方式上作出改變。

　　相反，內向型的人會集中於自己的主觀世界，聚焦在概念和構想上，這種類型的投資者傾向於關注如何自己得出結果。然而，根據沙普博士的調查結果，內向性和外向性的差異與投資成功與否幾乎沒有關係，亦即除了屬於出現成癮的傾向之外，大部分人都可以經過訓練在投資上獲得成功。本書後面將以附錄形式介紹的 8 種認知功能和 4 種氣質，是沙普博士透過訓練投資交易員群體所得出的結果。因為受測群體不能代表全部人口，所以要普及作為統一化標準的話多少有些困難，僅是作為參考。不過，像這樣努力地深入探索自己，對制定投資原則總是具有意義和幫助，這是明確的事實。而有一點需要強調的是，理解和完善自己的性格，形成適合自己的投資原則和習慣，比什麼都要重要。例如，如果自己屬於 IS 性格的話，可以制定能夠充分活用相關優點的投資原則和戰略，抑或是考慮提高並完善 EN 的功能。

為明智的投資者準備的自我診斷

相信自我探索和記錄的力量吧！透過誠實的回答可以讓自己進一步成長。

❶ 你更接近於什麼樣的性格？你的性格特質是什麼，而優缺點
又有哪些？

❷ 制定適合你的性格之投資哲學和原則，同時試著考量需要完
善的地方。

PART

5

投資成功的第二階段：
親近集體智慧

　　1995 年 1 月，日本神戶發生了大地震，當時日圓因該事件急劇走升，韓元則相反呈現弱勢。得益於此，韓國透過便宜的韓元增加了出口，韓國企業也趁此機會過度地大量貸款，進行了強勢的投資。然而在 1995 年 4 月，日本透過 G7 峰會請求將因經濟困難和神戶大地震而變得超強勢的日圓轉為弱勢，並成功促成了此事。此後，日圓再度疲軟，韓國經濟則因此遭受了巨大打擊。另一方面，美國經濟則繼續保持著強勁的增長勢頭，基準利率亦向上調升。那麼，全球資金和國內的外國資金當然都會因此湧向美國吧？日圓走低加上美國升息，盲目貸款進行過度投資的國內企業被逼到了懸崖邊上。信用等級持續下降，許多外國投資者將出售股票、債券、資產換得的韓元，兌換成美元後離開了韓國。

　　就這樣，於 1997 年 11 月時，韓國為了克服美元不足導致國家破產的局面，透過國際貨幣基金組織（IMF）獲得了 200 億美元的緊急貸款。作為金融援助條件，IMF 要求韓國政府進行高強度的結構調整，很多企業因此倒閉而產生了無數的失業者。就在此時，韓國國民開始了「募金運動」，共有多達有 351 萬人參與，募集了約 227 噸黃金。據說當時價值約為 20 億美元，此為匯聚為了克服外匯危機的國民們的願望所形成的第二次「國債報償運動」，亦是一種愛國心

運動。然而，如果冷靜地評價此事，這是國家未能妥善管理經濟危機，將其應該要負起責任的國民生命、安全和福址的義務推給了國民的一場悲劇，再加上透過此種方式募集的黃金，在未能以合理價格出售的情況下一次性出售至國外，不僅沒有實際利益，更有人批判這反而造成了此後黃金落入了以高價重新進口的一個局面。

接下來，外匯危機後的 1999 年 3 月，在韓國綜合股價指數停留在 500 點左右的情況下，現今已經消失在歷史中的現代證券於當時曾推出了「購買韓國」基金，掀起了國內股票型基金的熱潮。不僅豪言壯語地表示韓國綜合股價指數很快就會超過 2,000 點，將於 2005 年達到 6,000 點，更以「購買被低估的韓國」為口號刺激愛國心，在當時成功吸引了 12 兆韓元。然而，韓國綜合股價指數雖然在年末時超過了 1,000 點，但股價下跌後的 5 年期間則是連 1,000 點都未能再次觸及。

在股票市場號召愛國心的舉動在 2020 年也原封不動地重生了。當時衝進暴跌的股票市場中的個人投資者行為，就像在對抗外國勢力（外資）和對抗官兵（機構投資人）一樣，因此被稱作是「東學螞蟻運動」。從歷史上來看，東學螞蟻運動雖然失敗了，但從 2021 年 1 月韓國綜合股價指數超過

3,000 點來看，個人投資者的努力顯然是成功了。不過，此後在空頭市場中卻不太能觀察到這種集體性的行動，在我看來「東學螞蟻運動」一詞似乎是將具有各種性格特質的個人投資者，分別套上了同質化後的集體框架，但以集體愛國心的角度來看股票市場一事是否正確，我仍帶有疑問。

01

只要投資就會產生的「恐慌」

❶ 害怕只有自己錯失了的錯失恐懼症

〈想回家而不想去喝酒的崔代理的故事〉

　　今天是組長下面的七名組員一同聚餐的重要日子，崔代理原本表示今天正好是妻子的生日，只打算參加第一攤聚餐後就回家，但很快便改變了主意。因為擔心會就像往常一樣，在第一攤聚餐填飽肚子後，組長會在續攤時說出一些自己的心裡話，而變成只有自己錯失了那些重要的話題。

　　結果，崔代理因為擔心在只有自己缺席的續攤中發生重要的事情，最終沒能離開。不明緣由地認為只有自己落後或被排除在外的錯失恐懼症 FOMO，並不是只在個人層面出現。相反，這也是由於對社交媒體的過度執著，因此形成了一個隨時都要保持聯繫狀態的的社會現象。同樣，錯失恐懼症在被同事或被群體疏遠、在人際關係中不確定是否會被排除在

外或落後的不安感中也會誘發。

　　錯失恐懼症可以說是股票市場上的常客。對於 2021 年初國內股票市場的火熱情況，某證券公司調查中心負責人接受新聞採訪時表示：「從個人投資者進入新年以來連續兩天買進超過 1 兆韓元的股票，可以看出年初錯失恐懼症變嚴重的情形。因為受到自己不能錯失這波趨勢的心理所驅使，而像是被追趕似地買進了股票，才會在原本就呈現上漲的趨勢上更加加快了速度。」

　　像這樣在股票市場上出現的錯失恐懼症是指「有可能只有我被排除在市場的漲勢以外」的不安感，因而紛紛投身於股票投資的社會不安心理。問題是由於錯失恐懼症的關係，造成在股票投資上未能考量投資原則和態度的個人，有可能因此演變為引發過度負債的衝動性投資。根據 2021 年 1 月金融投資協會透露，信用融資額和投資人保證金分別達到了 20 兆韓元和 70 兆韓元，展現了資金正在從貸款或其他資產匯集至股票市場的現象。其實不只是股票市場上出現了錯失恐懼症，因為更早反而是在加密貨幣交易或房地產市場上，就已經是會經常出現的現象了。

❷ 恐慌、不確定、懷疑加在一起就是FUD[5]

　　大家應該都曾聽過「恐慌障礙」一詞吧？恐慌障礙是指伴有心臟劇烈跳動、呼吸急促、呼吸困難、頭暈、嘔吐或鬱悶等多種身體症狀，而突然反覆出現可能會死亡的恐懼和虛幻感等不安障礙的一種。首先，恐慌障礙的原因在於原本正常的不安系統出現了故障，也就是如前面所探討，邊緣系統的扁桃體等部位會感知到不安並發出警報，即使實際上未面臨危險也會發出警報，或是可以比喻為雖然沒有發生火災，但家裡的火災警報器卻依然嘈雜地大聲作響的道理。

　　股票市場中當然偶爾也會出現類似的情況。股價並不會是在一定程度的預測範圍內像葉子掉落般地下落，而是會像飛機從天上墜落一樣，不知道讀者是否經歷過股價以滔天的氣勢下跌的情況呢？那瞬間可真是恐怖至極。在這種急劇下跌的局面下，因坐立難安又被恐懼感所包圍而出現的拋售行為，也被稱作是恐慌性拋售，這不正是由於無法預知會下跌到什麼程度的不確定性增加，導致原本的買賣計劃和原則隨著懷疑而無可奈何地崩潰的瞬間嗎？FUD是描述恐慌、不確定和懷疑等心理狀態的用語，而個人層面的FUD也會

---

5 FUD 分別是 Fear、Uncertainty、Doubt 三個單字組成。

以強化後的集體形態出現，像是實際上如果因為某些消息，股價相比企業的內在價值來說下跌得很離譜，就會啟動集體FUD，但這時反而可能會成為很好的買進時機。

　　若是股價突然上漲會因錯失恐懼症而不安，突然下跌也會因FUD而不安，股票市場就是這樣的一個地方。**如果不能認清或忍受股價的變動性和不確定性，還不如逃離股票市場，在家裡附近安全的公園休息，或許對我們的精神健康來說更好。**但是大家都是想投資股票的人吧？如果即使忍受所有的恐慌也要進行股票投資，那麼就要認知到這將會像韓半島夏天和秋天席捲而來的颱風一樣，身在股票市場也總會要面臨錯失恐懼症和FUD，應該要有作出相應準備的態度。此外，提前制定並熟知應對的基本方針，不僅有助於大家的心理安定，也會有助於成功的投資。

02
隱藏在從眾中的社會心理學

　　因人們建立複雜的社會關係，才推動了大腦演化的理論，這稱為「社會腦假說」。這個理論雖然很難透過科學方式來證明，但也有一定的道理。相比原始時代更加複雜的現代社會，要想適當地調節所有社會關係，那麼大腦就必須要能夠正確地處理很多訊息吧？此外，建立社會關係並隸屬於群體，無論是在危險的原始時代，還是複雜化的現代社會，都是有利於生存的戰略。

　　但是，當一個人隸屬於群體時，個人的決策和情感都會受到壓力，這是我們從小的成長過程中就已經在經歷的事情。我至今仍記得在國民學校時，背誦了以「我們肩負著民族復興的歷史使命出生在這片土地上」開頭的《國民教育憲章》，由此可以推測出當時群體主義的教育體系是如何影響至個人。其實也不只是那時候吧？對於自己根本不喜歡的偶像，就因為大部分的同班同學營造出的氛圍，所以自己也表現得好像也很喜歡似地到處宣揚，又或者要迎合上司無趣的

話題好幾個小時的情況都是如此。像這樣，我們的大腦比起自己做出決定，更傾向於聽從別人所同意的事情，一方面是因為不想破壞氣氛，另一方面是恐懼於獨自被留下的話相對會受到的損失。

　　1951 年，所羅門・阿希 Solomon Asch 博士進行了著名的從眾實驗。 阿希博士向七名實驗參加者展示了畫有一條直線的卡片（圖 16），接著馬上向參加者展示了畫有三條不同長度直線的另一張卡片，然後要求在第二張展示的卡片中選出與第一張展示的卡片相同長度的直線。第二張卡片上畫的三條直線中，有一條是和一開始展示的卡片的直線長度相同，不過在參與該實驗的七人中，其實有六人是作為實驗助手擔任故意做出錯誤回答的角色，並讓唯一一名實驗對象最後作答，這些都是計畫好的實驗內容。結果顯示，實驗對象獨自一人的情況下正確率為 99%，而處於群體的情況下正確率為 63%。代表剩下 37% 的參加者比起自己的想法，選擇了從眾的安定。雖然令人惋惜，但在韓國社會中很容易發生的群體排擠現象，算是體現了這種從眾現象的影子。

圖 16　所羅門・阿希博士實驗中展示的直線

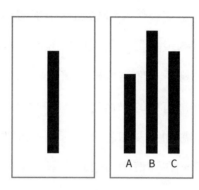

　　不過，若是我們所屬的群體堅持將紅色說成藍色，難道大家真的會同意嗎？如果有人堅持說 3+3=8，難道大家會同意嗎？我想應該是不會，因為假如正確答案明確，多數人應該不會無條件跟隨。阿希博士在實驗進行前，也認為從眾現象並非因為群體壓力而產生，而是因為刺激的模糊性而產生。然而，在群體壓力下產生的不安，再加上刺激的模糊性，從眾現象才會因此進一步強化。

　　當受到周遭氛圍的壓力而感到不安，或是為了更好地理解某些不確定又模稜兩可的情形時，人類的大腦會選擇使用他人的訊息網路。如此看來，在某種程度上可以理解同事朴代理表示「○○股票股價將會上漲」的話語，為什麼會讓人那麼地信任。當然，該訊息是否有誤或者有問題則另當別論，

但是與此現象相關的經驗，我們從小開始就已經充分地體會過了。孩子們正是在模仿父母的過程中學習和成長的吧？有時模仿父母嚴謹的說話習慣和親切的態度，有時也會模仿父母生氣或罵人的樣子，像這樣模仿著比自己更早閱歷世界的父母的行為是非常有用的學習方法。孩子們進入校園生活後也會模仿自己喜歡的朋友和老師的行為，特別是擅長模仿喜歡的偶像的孩子們在同儕中會最具人氣。這種模仿增強了朋友之間的凝聚力，進而為自己提供了安全感，而這樣的現象不僅發生在孩子身上，在成人身上也會發生。根據社會學習理論，人的行為是透過觀察和模仿他人的行為或自己面臨的情況所構成，這種觀察和模仿的行為也毫無意外地出現在了股票市場上。親眼目睹周圍的人投資股票的樣子，新聞、網路和 SNS 上關於股票的各種消息聚集了人們的視線，這些皆令我們在觀察和模仿上起到了很大的作用，而這種模仿或追隨經驗豐富且擁有專業知識之人的行為，往往都會有利於決策進行。

　　在股票投資方面，充分利用經濟專家的專業知識，對一般人的投資行為也會有正面的影響。

03
只會引發泡沫的過熱投資

　　然而，模仿並非總是能帶來好的結果。如果科技產業是
大勢所趨，那麼就假設出現了很多認為投資這個領域將具有
發展性的投資者。現在正如他們所說，隨著很多人投資科技
產業，相關企業的股價會攀升，這往往會導致對投資非常感
興趣的投資者傾向繼續做多該股票。雖然透過模仿也許可以
在像這樣處於上升勢頭的股票市場中，獲得將收益最大化的
正向反饋，但如果過度的話將會引發問題。即，該正向反饋
達到了壓倒目前趨勢的臨界點，股價和內在價值之間背離的
程度擴大而形成泡沫，直到泡沫破滅才會停止。前面介紹了
因為提前預告次貸危機的發生而變得更加出名的勞勃・席勒
教授，下面將透過他的名著《非理性繁榮》說明泡沫的形成
過程：

　　非理性繁榮是投機性泡沫之所以發生的心理基礎。我把
投機性泡沫界定為下列狀況：價格上漲的新聞鼓舞了投資人
的熱忱，這種熱忱心理逐漸感染更多人，行情發展過程中各

種經過渲染的故事合理化了價格漲勢，因此吸引愈來愈多各
式各樣的投資人；他們雖然懷疑相關投資的真實價值，但一
方面羨慕別人賺大錢，另一方面享受賭博產生的刺激快感，
因而紛紛投入風潮之中。

　　人們習慣於認為股票市場及 GDP 上升，或是企業利潤
增加的話，經濟就會更加健全。（中略）但是人們似乎不太
瞭解自己作為複雜的反饋模式中的一部分，自己的心理經常
會動搖經濟的這個事實。然而無論採用何種反饋理論，投機
性泡沫是不可能會永遠擴大，而投資者對投機性資產的需求
也不可能永遠一直增加。只要把需求停止，價格也會跟著停
止上漲。

　　席勒教授還提到了非理性繁榮的另一個例子——「龐
氏騙局」。當我們聽到像是老鼠會之類的龐氏騙局時，很多
人都會不解怎麼會有人相信這種騙局，而把被騙的人當作傻
瓜。然而，一開始非常無法理解的人在看到別人賺大錢後，
判斷合理性的能力就開始癱瘓了。就這樣，龐氏騙局以第二
階段投資者的資金為最初投資者帶來收益，再以第三階段投
資者的資金為第二階段投資者帶來收益的方式營運。前期投
資者的成功經驗被用來吸引下一階段的投資者，但這種欺詐

行為隨著供應給投資者的收益中斷，最終都會被揭穿。

　　不過更大的問題在於即使沒有詐騙犯的搗亂，類似的運作機制在平時的股票市場中也經常可以看見，席勒教授將其命名為「投機性泡沫」，並對於金融市場是以具合理性及效率性的方式在運作的主張進行批判。

04

探詢正確訊息的能力：集體智慧

　　一個人的想法和情緒可以直接向著周圍，又或是透過網路在瞬間以多種形式傳播出去，我們正是生活在這樣的一個時代，而前面探討的群體心理現象即可為例。我們曾提到錯失恐懼症是一種不安心理，由於擔心只有自己被排除在市場的漲勢之外，才導致大家紛紛衝進了股票市場，對吧？這種群體情緒的感染問題，從個人層面來看，會導致過度的負債和急躁的投資；從市場層面來看，股價暴漲與企業的內在價值無關，因此造成整個市場泡沫化的危險性劇增。如此急劇上漲的價格總有一天會急劇地崩落，最終經歷泡沫破裂的悽慘結果，而該損失也終將只會由投資者來承受。這種情況也被比喻作「冰凍的池塘」，通常一開始應該有部分人是可以穿越那凍得硬邦邦的池塘吧？然而，冰面隨著很多人的踩踏而慢慢融化，直到最後進來的人掉進了融冰後的蓮花池裡。

　　在跌勢的市場中也是一樣。股價突然暴跌時，毫無準備的人就會經歷恐慌、虧本拋售，或者是屏息傾聽專家或有影

響力之人的話語和行動並追隨他們，即出現所謂的專家依賴
現象。

　　但是最近除了傳統的群體心理現象外，網紅對群體的影
響相比過去大幅提升也是事實。現在已然是一個隨著網路發
展，生活在地球一側的知名人士話題或推特也能對全世界的
人產生影響的時代。舉例來說，2021 年 5 月初，電動汽車
公司特斯拉的 CEO 伊隆‧馬斯克表示允許使用比特幣購買
特斯拉，但突然又以環境污染為由暫停時，不是就造成了比
特幣行情的動盪嗎？另外，據美國調查公司 Piplsay 的資料顯
示，37% 的美國人表示因關注伊隆‧馬斯克的推特而有過一
次以上的投資經驗，我們正是生活在網紅的影響力相比過去
大幅增加的時代。如果個人投資者沒有自己的投資原則而無
法穩住自己的重心，那麼隨時都會淪落為把自己的大腦拱手
讓給別人的被動存在。

❶ 集體智慧和集體思考的區別

　　那麼，群體對個人投資活動只起到消極的作用嗎？當然
不是這樣。現代社會與過去因情報資訊不足而投資困難的情

形不同，反而訊息量過多才是問題。現在，我們必須要在氾濫的訊息量中辨認出寶石們，並投入時間和精力在排定訊息的重要程度，而這時才是「集體智慧」的力量能夠幫助我們的時候。

　　首先，集體智慧是指多人合作創造出一個集體性的智能，並用於某些活動和事情之進行。它以多樣的面貌出現，網路使用者透過媒體相互交流想法並共享結果，這時網際網路相當於成為了連接個人所各自擁有的智慧，並交織而成一個集體智慧的網路世界。舉例來說，網路購物的使用心得或書評、評價等對銷售者和購買者皆有影響，這就是一種集體智慧的展現。那麼，具有負面意義的集體思考和具有肯定意義的集體智慧，其根本差異究竟為何？簡單來說，集體思考是指參與者在相互影響作用中產生的錯誤，但集體智慧則是指參與者在相互無關的行為中，各自獨立思考後產生的成果。因此，在透過網際網路相互連接的網路世界中，如果相互作用的情形因某些因素（例如權威偏誤或確認偏誤）而變質，集體智慧的效果和功能隨時都會減半；但如果各自以獨立的方式相互串連，則可以期待集體智慧帶來的肯定功能。

❷ 需要多樣性的集體智慧

在第三章中介紹行為經濟學的同時，我曾表示投資者們因為過度信任、後見之明偏誤、稟賦效應等多種偏誤，致使做出了非理性的選擇。因此，行為經濟學家們主張股票市場在聚集了這些非理性的投資者後，整體上也會歸於非理性，而效率市場情形的出現也只會是偶然。然而，金融市場的專家似乎抱有不同意見，他們認為市場大致上是理性的，反而非理性才是例外。如果想探究答案，關鍵似乎在於非理性者的行為能夠保有多少多樣性。訊息來源不同、投資的邏輯或方式、投資時間點亦不相同，才能確保多樣性的存在，而此時市場也才能重新找回效率。因此，當每個人的想法全部朝向同一方向傾斜時，將會造成多樣性崩潰，而自群體做出非理性決策的可能性上升的瞬間開始，市場就會出現問題。

❸ 區分有效訊息和噪音的能力

打開經濟類的節目時，每天都會出現有關股票市況的新聞，看到這些的投資者們都會極其敏感地作出反應。不過，在經過一週或一個月左右，這些訊息大部分都會變得無關緊

要。周圍的人或媒體新聞裡出現的各種展望和預測、專家的意見和分析、各種謠言等經常會表示要投資者買進或是不要賣出等，而對於這些氾濫的聲音，我們應該要先著手從中區分出重要的訊息和不重要的噪音。

　　2021 年開發新冠肺炎疫苗的新興企業——Novavax Inc.，因人們期待著疫苗的開發成果，該公司股價於 2 月 9 日時飆升至 331 美元。但每當聽到臨床三期研究延遲、疫苗原料供應限制、內部人士拋售等消息時，股票就會持續被拋售，於 5 月 13 日時價格則跌至了 117 美元（圖 17）。當時 Yahoo 奇摩股市的聊天室充斥了大量指責公司代表，或表示「完蛋了」的恐慌訊息。

圖 17　Novavax 股價走勢（2020 年 ~2021 年）

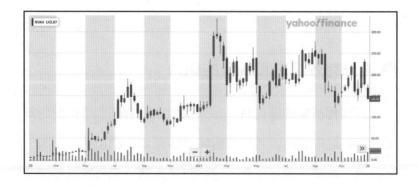

　　然而，其中也有些投資者努力客觀地區分了有效訊息和
噪音，整理並上傳了以下有關支撐成長的依據及不利的因素
等以事實為中心的彙整內容（表 5）。比起茫然地預測未來、
沉浸在不安與恐慌之中，將截至目前為止的客觀事實、公告
資料或公司相關報導整理得一目瞭然，才能更加明確今後應
採取的對策。也就是說，在同樣的聊天室裡，可以是傳播指
責和恐慌的地方，也可以是致力於傳播集體智慧的地方。而
且，我們究竟能否擁有從中區分噪音和有效訊息的能力，反
而取決於各位能否自行進行分析，並對於所投資的企業建立
專屬自己的見解（觀點）。

表 5　摘自 Yahoo 奇摩股市的 Novavax 論壇之聊天室資料
（2021 年 6 月）

● 支撐成長的依據
○ 於第三季度送審美國 FDA、英國 MHRA、EU EMA。
○ 解決 GMP 生產製造環境問題、商業規模問題，於第
　四季度（150M/month）開始生產
○ 歐盟購買合同洽談中
○ COVID 及流感之二合一疫苗注射臨床試驗將於今年年
　末開始，於動物實驗中已確認與個別注射具有相同功
　效

○ 公佈非洲四國今年瘧疾疫苗的第三階段試驗計劃

○ 於 New England Journal of Medicine（NEJM）上
發表了有關英國實施新冠肺炎疫苗臨床三期的最終分
析結果，顯示對於 B.1.1.7（α）變異株感染者一半以
上具 89.7% 之保護力，對於非 B.1.1.7（非 α）感染
者具 96.4% 之保護力。

● 不利的因素

○ US PREVENT-19 試驗結果因 60% 的淘汰率而延遲

○ 其他 EUA 亦延期至第三季度

○ 因原材不足，第三季度 150M/m 生產目標將延後達成

○ 未提及何時生產新疫苗 NanoFlu

○ 未提及預計在德克薩斯州之生產尚未開始的原因

為明智的投資者準備的自我診斷

相信自我探索和記錄的力量吧！透過誠實的回答可以讓自己進一步成長。

請利用以下有關錯失恐懼症的問題，確認自己的錯失恐懼症傾向。

❶ 當你在參考自己所投資企業的公告、新聞和各種媒體報導時，如何客觀地區分有效訊息和噪音？

問題	YES	NO
① 我很在意同事獲利比我更多。 ② 如果知道朋友們沒有我卻過得很快樂，我好像會很在意。 ③ 當我不知道同事在做什麼的時候，我會感到不安。 ④ 如果無法完全理解同事們的玩笑話，我會感到不安。 ⑤ 如果錯失了與朋友見面的機會，我會很在意。 ⑥ 如果錯過了已經約好的聚餐，我會很在意。		

※ 摘錄部分自〈錯失恐懼症〉判定標準

❷ 如何應對負面的群體心理現象，以及集體智慧是如何形成且我們應該如何運用？是否有好的例子可以分享？

投資成功的第三階段：
打造屬於自己的決策過程

＜熟悉上班路線的鄭○○的故事＞

　　鄭○○上午 8 點搭乘地鐵 2 號線準備上班。在公司所在的驛三站下車後，決定前往常去的咖啡廳外帶咖啡。由於那間咖啡店的裝潢和氣氛都給人一種幹練的感覺，鄭○○幾乎每天都會光顧。進入咖啡廳的鄭○○如同往常一樣，大略地看了一下菜單之後，點了一杯大杯冰拿鐵。

　　上面的故事中，鄭○○做了好幾次選擇。他選擇了平時的上班路，選擇在上午 8 點搭乘地鐵 2 號線，選擇在驛三站下車，對於咖啡廳和飲料也是毫不猶豫地做出了選擇。在這細究之後就會發現不知道已經做了多少次選擇的過程中，是否感覺一切好似熟悉到已然程序化一般地自然呢？可能是從好幾週之前開始，同樣的場面就已經在不知不覺間反覆著。

　　在大部分的日常情況或例行事務中，已經程序化的輸入值會無意識地或自動地輸出。如果每天下班後都將車輛停放在同一個位置，在隔天早上上班還沒有睡醒的狀態下，即使沒有經過任何思考，我的身體也會準確地找到車輛所在的位置。如果因為晚下班導致無法將車輛停放到原來的位置，隔天經常都還是會自動走到那個位置兩次左右。在如此熟悉的環境或處於不太要緊的情況下，省略有意識地做出選擇的動

作，然後取出長期記憶中儲存有關過去選擇的邏輯，以此為基礎自動輸出決定，是一個非常有效率的運作方式。蘋果的創始人史蒂夫・賈伯斯和 Meta 的 CEO 馬克・祖克柏，兩人除了都是大學輟學的大企業 CEO 外，另一個有名的共通點就是都只忠於穿單一種類的衣服。身為需要做出許多重要決策的 CEO，這是為了簡化決策過程的一個便捷手段。一整天中本來就已經被太多的訊息所煩擾，從不重要的事情到非常重要的事情都要一一決定的情況下，假如不用事事花費精力也不會出現不好的結果，就可以把寶貴的能量節約到大腦的電池上了吧？而且剩下的能量可以用於處理更重要或更緊急的事情，我想應該沒有比這更有效率的系統了。

〈在危急情況下做出最佳選擇的朴○○的故事〉

朴○○在地鐵站的月台上等著下一班列車，在突然聽到有人尖叫後便抬頭一看，原本站在一旁的老奶奶失足掉落到了鐵軌上。這時，遠處隱約可見列車的車頭燈光，朴○○大喊著向周圍人請求幫助的同時，迅速地跳下鐵軌攙扶著老奶奶。幸運的是，在大家的幫助之下，兩人都安全地回到了月台上。

　　本次故事中發生了突發情況，在眼睛、耳朵和所有感官都察覺到這個情況的瞬間，朴○○大腦中負責恐慌的邊緣系統立即響起了危險警報，讓他在非常短的時間內決定要跳下鐵軌，而運動神經也跟著作出了反應。進行理性判斷的大腦新皮質區域也發出了信號，但這時朴○○已經跳下了鐵軌。如果新皮質區域發出的信號先到達的話，應該會表示「太危險了，避開才更安全」吧。

　　如果像朴○○一樣面臨了突發情況，亦即在沒有既有特定輸入值的情況下，我們會做出怎樣的選擇呢？另外，對朴○○來說，並沒有輸入當有人掉落到鐵軌上時，應該要做出什麼樣的選擇之具體慣例和習慣，那麼是什麼引導了他的選擇呢？在邊緣系統發出「太危險了，逃跑吧」的訊息時，本能地沒有迴避危險，又在新皮質區域還未做出理性判斷之前，就在一瞬間做出了正確的選擇，會是因為什麼呢？也許是朴○○的人格特質、對老人家無意識中的熱情、對人類生命的價值觀、對弱者的關懷、對運動能力和敏捷性的自我認知等，以某種方式產生了影響。綜上所述，雖然對特定的情形因為缺乏經驗而沒有形成具體的習慣，但本身的價值觀和態度似乎影響了他在危險的情況下，仍能夠做出一個好的決策（圖 18）。

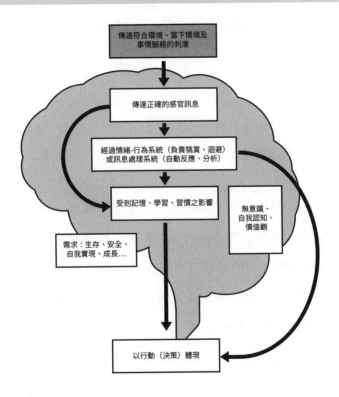

圖 18　簡化後之決策過程示意圖

傳達符合環境、當下情境及事情脈絡的刺激

傳達正確的感官訊息

經過情緒-行為系統（負責犒賞、迴避）或訊息處理系統（自動反應、分析）

受到記憶、學習、習慣之影響

無意識、自我認知、價值觀

需求：生存、安全、自我實現、成長…

以行動（決策）體現

　　投資的世界也是相同的道理。2020 年由於新冠肺炎的擴散，令人恐慌的市場暴跌也是突然降臨了吧？儘管如此，平時就已經具有良好的投資態度並鑽研學習的投資者，對於邊緣系統發出的恐慌和迴避要求，並不會盲目地作出反應而恐慌性拋售，反而可以做出以低價買進績優股的優秀選擇。

01
做出艱難的決策

＜無法輕易下訂筆記型電腦的李○○的故事＞

　　李○○因為工作需要想買一台筆記型電腦，也因為家裡的電腦總是被孩子們佔據，所以需要一台專屬自己的筆記型電腦。在網路上搜尋的話，可以就品牌、CPU、RAM等性能和價格進行比較。然而，正是因為四處比較，讓他無法輕易地做出選擇。考量到性能時，價格是個問題；考量到價格時，又要擔心售後服務問題。況且瀏覽了其他人的使用心得後，各有優劣的評論讓他選擇起來更加猶豫。原本以為那天苦惱一番之後就會下訂，結果在電腦前面待了幾個小時，最後還是推遲至隔日再做決定。

　　在經濟學或哲學中，效用一詞用於表達幸福或滿足感，其中預期效用一詞如果不是用於例外情況的話，意指可以預期未來將擁有的幸福或滿足感。在這裡不使用「幸福」或「滿足感」等詞，而是使用「效用」一詞，是因為如此一來才可

以量化為數值的緣故。然而，我們在日常生活中選擇的時候，卻也不可能總是用數值來計算和判斷。那麼從現在開始，李〇〇為了購買筆記型電腦，有必要明確地制定出更符合現實的決策方式。

上述故事中登場的李〇〇，其目標為何？就是購買一台可以用於工作又可以在家裡使用的筆記型電腦，那麼現在應該從尋找購物網站階段就開始苦惱了。此階段手握的選項就已經有 NAVER，Daum，Danah……等，以及三星、LG、Apple、ASUS、HP 等，就連品牌也真是各式各樣呢！這時，太多的選擇反而會妨礙決定，選項太多只會造成人們選擇時的困難；相反，適當數量的選項才會更加便於選擇。因此，這個階段的李〇〇，需要有能力以掌握整體價值為標準進行選項刪減。

如果已經樹立了這樣的策略，接下來就要評估對價值的掌握及所要付出的努力。在選擇不重要的事情和容易的事情時，思考其價值和意義好像真的是件令人頭疼的事情。既然李〇〇的目標是購買工作用的筆記型電腦，就應該考慮價格、性能和其他一些評價基準，那麼當然也就需要進行價值判斷了吧？假如李〇〇是位有錢人，那麼故事可能會有所不同，價格應該就不會是需要考慮的問題，而只需要考慮幾款

性能最好的筆記型電腦後，就可以做出選擇。但是一般來說，
所謂性價比很重要的原因，正是因為以什麼評價基準購買筆
記型電腦，會影響李〇〇短期內的滿足感。況且還有很多比
買筆記型電腦來說更重要的事情，應該不會有人能夠輕易地
做出那些重要的選擇吧？而謹慎的選擇，理所當然會耗費許
多的時間及努力。

最後，制定決策應該要考量購買物品的時機和可以取得
物品的時間點，諸如李〇〇在打折期間購買或是現在立即購
買等有關決定何時購買筆記型電腦，才會更加合適的問題。
假如這是可以擲骰子決定的事情，就不用考慮時機了，而選
擇的過程當然也可以省略了，因為任何時候的機率都將相
同。然而對於李〇〇來說，買筆記型電腦是一件重要的事情，
而在做出那些重要事情的選擇時，越是需要考量一個更具效
率的時機。

02

決策中的自我認識和習慣

　　我究竟重視什麼，現在和未來的我想要的是什麼？我是誰，我的優缺點又是什麼？我的需求和渴望以及滿足之間，可以相互協調矛盾到什麼程度？進行這樣的自我認識，對決策過程也會有莫大影響。例如，想要透過存錢為自己和家人帶來寬裕的生活，應該是想滿足財富帶來的安全感，或是對權力及成功有需求的人吧？如果對自己的需求有一定程度的瞭解，就可以視作為懂得進行自我認識之人。這樣的人在做出與金錢或經濟活動相關的選擇時，會為了明智地進行價值判斷而努力。另外，如果對某些人來說，珍貴而有意義的是家人或朋友、社會的變化、快樂的生活或對信仰的追求等，那麼以這種自我認識為基礎，也會為了做好相關的決策而付出努力。然而，要想連自己無意識的需求也完全察覺會是一件不可能的事情，所以也有人對此毫不關心。人們為了合理化自己的選擇，也會利用卓越的技術以調節需求、慾望和滿足之間發生的矛盾。不過要記住，如果前面提到的偏誤和認

知不協調過度地出現，將會很難做出一個健康的決策。

　　讓我們總結一下，即使每天做了數百次、數千次的決策，也無法有意識地記住全部的事情，這是因為無意識也在隱隱之中發揮著作用。如果某種經驗經過記憶和學習的過程後產生其重要性，便會儲存在無意識之中，而這種經驗在下次決策時雖然不會顯露出來，但勢必會強烈地產生影響。

　　平時的習慣在一般的選擇過程中產生影響，此為一個非常有效率的運作方式。另外，在面臨突發情況需要做出重要決策的瞬間，不僅是價值觀和態度相關的習慣，自我認識會如何影響選擇也將一併體現出來。因此，要想做出好的選擇，有必要瞭解平時自己認為什麼是重要的事情，以及能夠做出這種選擇的「我」是誰。另外，為了做出理性的選擇，亦有必要制定出一系列的策略應對。遺憾的是，即使透過這樣的過程，試圖慎重地做出選擇，也並非總是會有好的結果，亦即未必會有一個令人感到最滿足的結果。但是，當這種選擇過程反覆進行而開始產生正向的結果時，這個結果又會再次影響下一個選擇，就像最前面鄭○○的瑣碎日常會一直自然地持續下去一般，而在朴○○經歷的突發情況下，也會將其引導至產生正向結果的方向，又在李○○故事中的選擇過程中，做出滿意選擇的可能性也將越來越大。

03
決策的過程比結果更重要

　　「種瓜得瓜，種豆得豆。」 這是我們從小就經常聽到的諺語，意思就是凡事種什麼因、得什麼果。就像種下瓜不可能結出豆，種下豆也不可能結出瓜吧？這句話特別是在學生時代訓誡學生如果只知道玩樂，成績就不會提升時所用。大部分的人都相信，我們的人生只要像這句諺語一樣，流下努力的汗水就定會取得相應的成果。然而我在不知不覺間到了中年，又在診療室聽了無數人的故事之後，產生了不一定是這樣的想法。曾經有位從小學開始運動神經發達的男性，很早就開始踢足球並以此嶄露頭角，但因為高中時受了嚴重的傷而放棄成為足球選手，他上學時的成績也是墊底，不過現在依然堂堂正正地賺錢過生活。有時候即使經過努力，出來的結果可能還是不好；有時候即使不怎麼努力，出來的結果卻也依然不錯。前一章已介紹了依據複雜原理作用的複雜系統吧？這種複雜系統的特徵之一就是非線性。首先，在線性的世界裡投入某樣東西，結果將會以成正比的方式產出結

果，努力學習最終透過考試的情況就是如此；與此不同，在非線性的世界裡，投入與結果之間則不一定會成正比。有可能沒有什麼特別原因卻引發了嚴重的問題，也有可能看似會引起嚴重問題的某些事件，最終就像沒有發生過一樣地悄然結束。如此眾多的組成要素之間，在複雜的相互作用及非線性的特性下，實際上是不可能預測複雜系統的未來走向。

❶ 並非結果好，就好！

在許多人買賣股票的股票市場以及投資的世界，才真正算是一個複雜系統。因此，有時候一個好的投資結果，不能夠代表連其中的過程都是好的；相反，即使投資過程很有邏輯、準備萬全，當然也不保證一定會有一個好的結果。不可否認，結果非常重要，也很容易評價；相反，對其中過程的評價或測定卻是很難的一件事情。因此，投資者通常會犯下一個致命錯誤，就是認為只要結果好，其中過程就也同樣是好的。假如如此迴避面對決策的過程，反而只執著於結果，最終定會招致負面的影響而無法長久持續地進行投資。

有一位名叫賴瑞・海特的自動化交易系統的先驅者，他的著書《超速贏利》中曾提到有關四種賭注的故事，好的賭

注、不好的賭注、贏的賭注、輸的賭注。人們一般認為下了不好的賭注會輸、下了好的賭注會贏，但這是錯誤的說法。好的賭注僅是代表勝率較高，不好的賭注僅是代表勝率較低，而贏或輸的賭注不正是指結果嗎？我們無法預測未來，當然也無法控制結果，只能透過控制賭注的勝率和風險，據此選擇好的賭注。不過，如果在管理風險的同時持續選擇好的賭注，隨著時間的流逝，平均法則便會產生作用，而可能出現一個正向的結果。當然，在這個充滿不確定因素的世界裡，好的賭注有時也還是可能成為輸的賭注吧？

　　那麼最壞的情況是什麼呢？賴瑞・海特斷言是即使下了不好的賭注，也可能因為運氣好而大贏一筆。舉個例子吧！某個人喝酒之後，由於認為店家到家裡並不遙遠，所以選擇了酒後駕駛，而這是一個非常糟糕的賭注。發生事故的機率非常高，且會造成的是無法挽回的致命性結果。幸好那天運氣很好地安全到家了，但這真的是萬幸嗎？那個人會因為那天回家的過程中沒有造成任何事故，而變得對危險感到遲鈍。然而，帶著酒後駕駛這個魯莽的習慣，總有一天定會闖下大禍。假如持續地下出不好的賭注，最終隨著時間的流逝，根據平均法則無疑地會出現不好的結果。

❷ 評價決策的過程與結果

　　我利用 Iowa Gambling Task（IGT）評價在不確定性情況
下的決策過程與結果，並將結果活用於臨床醫學。IGT 是用
於探索在不確定性情況下將如何進行決策的一種研究方法，
最初是以實體卡片來進行研究，最近則主要透過電腦進行。
本研究最初是為檢測腹內側前額葉皮質受損患者的認知問題
而開發，該部位於大腦之功用為處理風險、恐慌、情緒及決
策等。參與 IGT 實驗的人，只要在 4 張牌堆（A，B，C，D）
中選擇其一，就會出現對應的數字，而實驗參加者可以有機
會贏得或輸掉該數字的金額。（圖 19）。

　　該研究觀察了實驗參加者約莫 100 次左右選擇卡片的過
程及最終結果。在此過程中，腹內側前額葉皮質或眶額皮質
受損，又或是以衝動選擇為主的實驗參加者，出現了以下結
果：即使未來會面臨的損失更大，仍會選擇當前報酬較高的
一方。當然，該決策的最終結果致使實驗參加者蒙受損失的
情況居多。

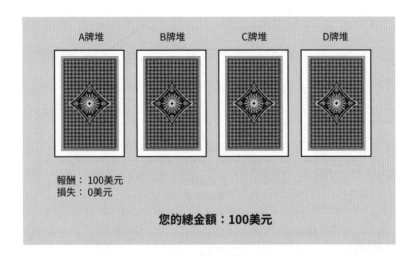

圖 19　Iowa Gambling Task（IGT）示意圖

由下方圖 20 可得知，實驗參加者選擇以 Good 表示的低
風險、低報酬牌堆之比例為 83%，選擇以 Bad 表示的高風險、
高報酬牌堆之比例為 17%，顯示了實驗參加者傾向於做出相
對保守的決策過程。而隨著時間的推移，則出現了更加保守
的決策過程傾向，最終獲得 690 美元的報酬也是一個很不錯
的結果。堅持不貪心選擇，因而獲得報酬的情況，正是圖中
示例所示。

圖 20　IGT 第一個示例

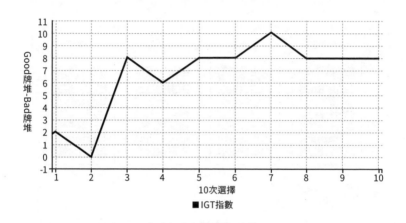

牌堆選擇	Good（83），Bad（17），Good 比例 =0.83
IGT 指數的增加	6
最終利得	690

　　相反，圖 21 的參加者選擇以 Good 表示的低風險、低報酬牌堆之比例僅有 46%，選擇以 Bad 表示的高風險、高報酬牌堆之比例則多達 54%，顯示了參加者傾向於做出相對衝動的決策過程。而隨著時間的推移，雖然漸漸出現了較保守的決策過程傾向，但並未非常明顯。最終，結果也不盡理想，以損失 8,310 美元作收。

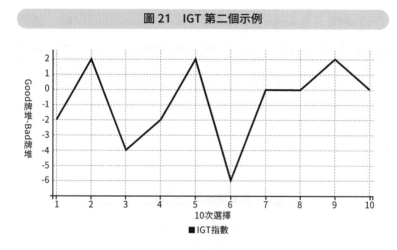

圖 21　IGT 第二個示例

牌堆選擇	Good（46），Bad（54），Good 比例 =0.46
IGT 指數的增加	2
最終利得	-8,310

　　我曾發表過利用 IGT 針對賭博成癮者進行之研究結果。透過比較賭博成癮者和對照組的健康受試者，以研究血清 BDNF（腦源性神經營養因子）濃度和賭博嚴重程度指數 PGSI 之間的相關性，以及血清 BDNF 數值和 IGT 之間的相關性等方式進行。雖然研究過程中存在一些限制，但透過此項研究，我確認了以下事實：越是嚴重的賭博成癮者，比起未來能夠獲得的報酬，更可以看到為了獲得即時報酬而做出的決策。

那麼，為了我們所期望那結果與過程皆好的投資，應該要怎麼做呢？首先，專家強調風險管理的重要性，作為其方法之一，就要介紹到麥可‧莫布新的著書《魔球投資學》中提到傑伊‧魯索 Jay Russo 和保羅‧舒梅克 Paul Shoemaker 的 2x2 矩陣。（表 6）

表 6　傑伊‧魯索和保羅‧舒梅克的 2x2 矩陣

		結果	
		好	不好
過程	好	理所當然地成功	不幸運
	不好	意外的幸運	因果報應

麥可‧莫布新表示「有時從機率的角度來看，好的決策過程可能帶來不好的結果，不好的決策過程卻也可能帶來好的結果。但從長遠來看，過程會壓制結果，這也正是賭場賺錢的原因」，以此強調決策過程的重要性。

總結來說，為投資制定決策過程的方法，共有兩個核心要素。第一，持續形成對投資的假說檢定和屬於自己的見解。第二，樹立風險管理原則。風險管理原則將在下一章中詳細說明，那麼我們就先來探討對所投資企業的假說檢定吧？

04
投資是不斷地懷疑與驗證

　　在包括醫學領域在內的多種社會現象研究方法中，有所謂「定量研究」此一研究方法，即於收集數據資料並設定變數後，分析變數之間的相關性或因果關係，並發展出一個一般化法則。按照認識問題、設定假說、研究方法設計、資料收集、資料分析、假說檢定、結論導出的順序進行，此時所謂的假說，是指為了說明某種現象，先確定兩個以上的變數，並將這些變數之間的關係，以可驗證的方式表述。

　　特別是在設定某種假說並驗證該假說的過程中，我們會獲得各種資料並據以進行分析，這時需要盡最大可能減少錯誤的發生，唯有這樣才能導出以事實為依據的結論。

　　當然，這些定量研究方法無法原封不動地用在股票投資過程之中，但在進行投資的時候，同樣地必須要持有屬於自己的投資哲學與投資策略，而針對股票市場或所投資企業建立屬於自己的假說，透過持續懷疑及證明的過程，收穫對該假說之見解和洞察結果是非常重要的事情。首先，需要確立

自己的投資哲學，意指掌握自己對風險之承受度、考量自己的資金能力及可投入投資的時間、投資時長等屬於自己的一貫思考方式。

當你們想投資某間企業的股票，就應該透過企業報告書和公告資料，自發地、仔細地、持續地研究企業的營運項目、目前業務之未來計劃和展望、至今為止的業績成果等，即使是對三星電子、微軟、特斯拉、NVIDIA 等企業也不例外。當然，一般人還是需要參考其他專家的意見，亦即具有公信力的分析師彙整各種訊息後，進行分析而產出的報告，這也是一項重要的參考資料。此外，總體經濟指標也是需要考量的項目之一。我們到底是為了什麼而走上這麼複雜的過程呢？因為這終究也是為了要驗證自己假說的必經過程。舉例來說，大家想驗證「Novavax 作為生產疫苗的公司，以獨步同業的技術為基礎，至少在今後五年間將持續成長」的假說，那麼應該會需要從各種資料中收集必要的佐證依據吧？基本的資料只要去公司網站就能夠獲得，雖然與前面提到的定量研究實施過程非常不同，但為了驗證假說而需沒有偏見地仔細收集資料這點，則屬於同樣的原理。另外，尚需過濾掉對各種偏誤的刺激、助長噪音和恐慌的新聞，即在聽到「由於原材料不足而延遲生產時，推測其在市場上將無法取得成

功」或「mRNA 技術純熟，現有棘蛋白疫苗效果有限」等意見及新聞，投資者應該儘量遠離並再次中立地驗證自己的假說，而在制定投資假說時，所需要的便是具體性的策略。

　　當提到建立屬於自己的投資哲學和策略的代表性專家，就屬紐約大學商學院的阿斯瓦斯‧達莫達蘭 Aswath Damodaran 教授，他列舉了歷史上出現在股票市場上各種類型之投資策略，並主張沒有任何投資策略是完美的。他將策略類型分為投資高成長企業股票、成長股、跌幅過大股、低評價企業等高風險追求型，投資高股息股票、低本益比股票（與盈利相比股價偏低）、股價在淨值以下之企業股票、持續穩定盈利之企業股票等風險迴避型，以及投機於合併收購或進行動能投資的貪慾型，最後為依循專家做法或進行長期投資的幸福型，並根據各種類型之優缺點進行了說明。然而，各類型投資策略終因人類的本能和貪慾、恐慌、過度信任等弱點而被批評，但又被新一代投資者貼上新的名字後重新出現。最終，投資者需要的是從各種投資策略中，選擇出真正符合自己投資哲學和性格的投資策略，以將風險最小化。

　　在投資中需要考慮的另一個重要因素 —— 價值決定，其實這部分可能是對一般投資者來說是最難的部分，而從專家們也各持不同意見的情形看來，更加可以確定這是個困難

的領域。企業價值與當前股價的差距計算起來並不容易，即使是好的企業，如果不是購買在好的價格（相比內在價值便宜）也將很難獲得報酬。不過即使如此，比起過於集中在價格上，更應該將焦點放在關注企業的價值和成長。假如真的是一間有價值的公司，且有相關依據可以暫時確定今後將繼續成長，則可以透過反覆驗證該依據的過程，考慮長期作為該公司股東與公司一同前進。因此，不似前面說明的定量研究，在導出任何結果後即到達了研究的終點，而是至少在賣出股票之前，需要各位持續不斷地進行假說檢定的過程，而這與買進後無條件長期持有的所謂買進持有策略不同。換句話說，在複雜的股票世界中，持續的驗證過程必不可少，這麼看來投資不只算是一種研究，也是一個勞動工作。

然而，有本職工作的個人投資者無法持續地進行這樣的研究和勞動，因此對於就個別企業形成自己的獨到的觀點並持續追蹤有困難者，買進追隨整個股票市場的指數股票型基金 ETF 可能會是個不錯的選擇。該方法是華倫‧巴菲特及其他投資大師向一般民眾極為推崇的方法之一。當然，該選擇是以資本主義的維持、股票市場的延續性及資產價值持續上升的假設為前提，因此很難適用於數年間股價僅在浮動範圍內波動的韓國股票市場。所以，可以考慮以大約 40% 以上的

美國股票市場為核心，配合其他國家股票所組成的投資組合

為標的。

05

用正確的習慣克服決策障礙

你有沒有想過自己有無法輕易做出選擇且經常拖延決定的所謂決策障礙呢？決定障礙雖然不是精神健康醫學科使用的正式診斷名，但大致上是指一個人很難做出決定的狀態。那麼在投資的世界裡，要想做出好的決定會需要具備什麼呢？

❶ 取代「頑固」的「滿足」

＜ 一輩子都在自責的朴○○的故事 ＞

朴○○平時沒有自信，經常看別人的眼色，時不時感到憂鬱的她來到了診所就醫。她具有消極的想法、強烈地為未來擔心的傾向，再加上成長於父權式的保守家庭下。成長過程中，她的父母總是強調學習和考上好大學，為此甚至搬到了江南。朴○○也努力地學習了，在高中三年級的時候取得

了全校前十名的成績。然而，即使努力取得了成果，她卻一點都不高興，因為父母似乎總是希望她取得更好的成績，她心中也總是迴盪著「要拿第一」的聲音。這樣一位對自己無法感到滿意，反而在內心中總有指責自己的聲音，讓她感到無比疲憊。

如果某個人的想法總是與「應該要……」緊扣在一起，那麼這個人就會在人生的某個時期經歷憂鬱和自信感低下的過程。努力的樣子總是美麗動人，但人不可能完美、不可能總是成功、不可能總是第一名，也沒有這些必要。也就是說，我們無需設定一個難以達到的目標，最終讓自己感到挫折。假如這樣的聲音在心裡的擴音器上一直響起，我們就應該去將擴音器的音量調低。

投資的想法和決策也是相同的道理，即使能在一定程度上瞭解自己的性格和需求，並在一定程度上掌控自己的想法和情緒，也不可能做到事事完美。當然要避免非理性、衝動的選擇，並努力做出理性的決策，但是世界上沒有完美的人，人不能完全地克服偏誤的產生，也不可能完全地控制情緒，只需要盡力做出適當的選擇就足夠了。因此，即使最後結果不是讓自己大賺一筆，但只要能夠產生適當的報酬，就不用

再奢求更多了。

　　現在介紹的「滿足」策略是卡內基大學教授赫伯特・賽門主張的理論，他是第一位以人具有有限理性的觀點，批評主流經濟學假設的理性體系之社會學者。賽門教授此一主張後來發展為經濟學和心理學相結合的行為經濟學理論，並憑藉該功勞獲得了 1978 年諾貝爾經濟學獎。

＜開始挑戰危險的鄭○○的故事＞

　　鄭○○是大家公認的價值投資者，徹底地分析企業，有能力區分未來的價值和現在的價格以確保安全的利潤空間，同時也是位懂得進行風險管理的投資者。然而，最近開始將 10% 左右的投資資金，短期投資至稍微具有風險的資產上。

　　上面的鄭○○是沒有信念、沒有原則的投資者嗎？他是一個不具理性、沒有邏輯的投資者嗎？如果將 10% 的投資資金投資到風險資產上或以進行短期買賣為主，是否就是損害了價值投資者的本質呢？我不這麼認為。如果用價值投資者公認的框架，助長看似理所當然的偏見，並指責在投資上已經充分地做得很好的鄭先生，那麼這種指責的聲音就應該要

停止。如果讓思想框架變得更加靈活，鄭○○將大部分資金投資在安全的地方，將其中一小部分比例投資在極其危險的標的上，也算是一種槓桿策略投資技法的變形，同時也是一種適當且不奇怪的投資方法。

以 ETF 聞名的美國基金管理公司 The Vanguard group 創辦人約翰・柏格 John Bogle，曾強調要開發並投資被動型指數商品，他一針見血地指出：「投資主動型基金是像傻瓜一樣的行為，認為主動型基金長期下來會創造出比市場更高的報酬也是像傻瓜一樣的想法」，並強調「要用各種投資標的組成的投資組合，消除個別投資標的的風險，而只留下市場風險」。然而，就連帶著這種信念的他，也將一部分資金投入到自己兒子在操盤且手續費昂貴的主動型基金之中。他在接受《華爾街日報》採訪時曾為自己辯解道：「人生本來就缺乏一慣性，不是嗎？本來不就都是這樣嗎？」

基於對未來的預測進行投資是很危險的行為，且總是會因為無法準確預測而發生意料之外的事情，專家是如此，新手更是如此。那麼難道我們不應該進行預測嗎？納西姆・塔雷伯表示：「只要放棄認為自己應該要完全預測未來的想法，就能認知到預測的侷限性，那麼我們能做的事情就會變得很多。」雖然我們本就不應該盲目地進行非理性投資，但如果

能夠認知到自己的不完美且無法完全地掌握未來的事實，那麼我們就也不會再為自己沒有於投資方面做出完美的決策而自責了。

在投資的世界裡要學習的東西太多了，但我們的時間有限，如果不是全職投資者而是一般人，就不可能每天都在找尋值得投資的企業，我們還要在學校上課，或是在公司為負責的專案加班，如果是醫療人員，就要在醫院照顧患者；如果是鋼琴家，就要進一步磨練自己的鋼琴演奏實力。因此，比起期待完美的決策和結果，透過靈活的思維，進行令自己滿意的投資和期待一個恰到好處的結果，才更符合現實。正如華倫・巴菲特或約翰・柏格提議的那樣，選擇經過驗證的ETF 或可靠的間接投資商品，也可以算是一個適當而理性的選擇。

❷ 避免超負荷

我們每天都會進行數百次選擇，而大部分都是瑣碎、不太重要的事情。如果數百次選擇都需要聚精會神以追求完美，我們可能會因為大腦的電池放電，還未到下午三點就得回家了。是否曾經有過凌晨就開始上班，無法準時下班就算

了，晚上甚至還要加班，回家後什麼事都不想做，直接躺在沙發上的經驗呢？如果一整天都處於集中精力、做出選擇，又集中精力、做出選擇的輪迴，來回數十數百次之後，身體和心理都會徹底地放電。這時候別說是重要決策，就連做出一個瑣碎的決策都會變得不願意，因為已經做了太多次決策，或者某些決策耗費了過多的時間，所以陷入了「決策疲勞」的狀態。在這種狀態下，如果還需要做出投資等重要決策，可能會導致管控能力低下而做出不好的選擇。明尼蘇達大學等多個研究小組進行的研究證實，過多的決策和選擇會降低之後的決策質量，也就是在過多的決策之後，情緒調節、體力、品質、決策和計算能力均有所下降，而推遲決策的情形則呈現上升的趨勢。

在資訊爆炸、要處理的事情很多的世界裡，人們自然而然地多任務。各種訊息、SNS、電子郵件等，隨時都會妨礙我們將注意力集中在正在處理的事情上。雖然人們認為自己可以同時兼顧完成很多事情，但我們大腦的工作方式並不適合多任務處理，事實上它只是從一個工作換到另一個工作，很快地來來回回地執行著注意力轉換，而注意力轉換會消耗巨大的能量，這就像是 2002 年希丁克教練在訓練選手們體力時，所進行的短距離折返跑 shuttle run 一樣。

　　雖然要做出決策的次數也很多，但同時我們面前也有太多的選擇。一項研究表明，1976 年超市大約銷售九千種固定商品，到了 1992 年這個數字已經增加到三萬多種。估計從 2018 年開始，隨著超市逐漸向網路轉型，可供選擇的商品也增加到了數百萬個。午餐後進入公司前面的咖啡廳點飲料，看到菜單上的各種飲料和滿是第一次見到的稀奇飲料，結論依然會是最常見的美式咖啡或拿鐵；或者為了買運動服而上網購物，連續 2 個小時沉浮在資訊的大海中，好不容易才得以逃了出來。太多的選項會讓選擇變得困難，反而造成前額葉皮質努力使用 Slow 系統後，累了就會說「哎，隨便吧」，最終犯下丟回給 Fast 系統決策的錯誤。在股票投資上，分析太多的企業對於個人投資者來說也不容易，這將致使在關鍵的情況下很難做出明智的決策。組成投資組合，只聚焦於自己熟悉並能夠持續追蹤的幾個企業，才能夠有助於做出明智的投資決策。

　　像這樣需要做出很多選擇及決定，又或是有太多的選擇時，會造成我們大腦中的迴路超負荷運轉。在繁忙的工作中不間斷地抽空交易韓國股票，下班後還要進行美國股票交易的話，是否依然能在正常的身心狀態下，做出好的決策呢？在公司受到上司的指責而感到煩躁的心情下，又在凌晨不睡

覺進行股票交易的話，是否依然能避免衝動交易呢？特別是睡眠不足的話，對於自己能做到什麼樣的事情之主觀信任，會和客觀的執行能力之間產生差距，並容易出現暴飲暴食、過度消費、不節制的性需求、效率低下、衝動性決策，這些都是必須要注意的地方。

最後，我彙整了在投資過程中可能產生之決策障礙的克服方法，以作為本章的結束。

第一，人類的大腦不可能做出令人無悔的完美決策，因此需要發揮認知上的靈活性、摒棄完美主義，制定出令自己感到滿意的投資策略。其次，在做出選擇時，特別是與投資有關的重要決策，應該事先切斷不必要的資訊來源，或是區分必要和不必要的情報，以減少訊息量過載。第三，平時要養成好習慣，透過自動程序處理與瑣碎事情相關的選擇，以減少決策的次數才是有效率的運作方式。第四，盡可能在做出重要決策時，關掉 SNS 及避免多任務處理。第五，保持良好的睡眠，防止對大腦不好的廢物堆積。

為明智的投資者準備的自我診斷

相信自我探索和記錄的力量吧！透過誠實的回答可以讓自己進一步成長。

❶ 你有過已經付出努力，但結果卻不甚理想的事情嗎？相反，
是否曾經有過未付出多少努力，但結果卻非常理想的事情呢？
如何將透過這些事情得到的教訓，運用到投資上呢？

❷ 如果你是股票投資者，請參考以下示例後，試著描述自己的
決策過程。

（示例）

● 決心要投資股票。

● 確立自己的投資哲學。

○ 分析自己的投資傾向，掌握風險接受程度。

○ 考慮到生活費和之後的重大花費，計算可運用的投資

資金，預想適合自己的投資時長。

● **制定投資策略。**

○ 平時多接觸經濟新聞和書籍，以具備基本的分析能力。

○ 確認利率、景氣、匯率等總體經濟指標。

○ 制作平時關注的企業清單，研究公司投資計劃、公告資料及財務報表等。

○ 確認過去股價走勢。

○ 如果可以的話，計算自己的目標股價，或者帶有批判性地參考經過分析師驗證的目標股價，同時也要考慮市價總額、比較目前股價和目標股價，以確認是否能確保安全利潤空間。

○ 綜合比較企業所屬產業（分類）的整體市場規模、慾投資企業的市佔比率、競爭企業的成長性。

○ 透過前面的所有過程，對要買進的企業建立屬於自己的假說，並形成自己的獨到見解。

○ 當接近目標買進價格時就進行交易，但為了單一投資標的不超過總投資金額的特定比重（比重根據個人情況有所不同），而需對整體投資組合進行全面性考量。

○ 制定賣出時點的原則，持續地參考公告資料和企業發佈的新聞稿。假如能夠透過自己建立的假說檢定，則選擇繼續保留。

○ 以所投資公司的季度業績和說明為基礎，持續驗證投資前所建立的假說。

○ 參考股票投資者主要瀏覽的網路討論區，參考客觀的
情報和意見，但請無視指責和謾罵，或是毫無根據的
各種噪音。
○ 將所有可以記錄的內容記錄在買賣日誌裡。

❸ 作為個人投資者，雖然你有持續在清單式管理自己投資的所
有企業，但是否因為被太多企業占滿了那張清單，以致於出現
管理上的困難呢？疲勞或壓力有沒有影響你的投資決策呢？你
又是如何解決疲勞和壓力呢？

PART

投資成功的第四階段：
股票市場的風險管理

股價本來就會上上下下，我們必須要理解和接受這個事實。股票市場大致上是相比房地產或債券來說，變動性更加劇烈的地方。所謂的變動性，意味著股價容易上漲，也容易下跌。如果自己買進的股票的股價在某期間內穩定地上升，想必會感到心安又滿足吧？但是，任何股票都不可能沒有上下浮動，且在金融體系問題、恐怖攻擊、流行病等外部衝擊下，股票市場更是會劇烈地上下震盪。剛開始會認為這一切都理所當然，但請分別觀察一下在股價上漲時自己的心理，以及股價下跌時自己的心理，是否看到了自己對股價的波動產生極其敏感的快感或恐慌，是否也看到自己的思考模式屈服在多種偏誤之下了呢？

那麼，要為這前途未卜的未來做準備的的話，站在現在此時點的投資者，到底應該如何在股票市場中做出決策呢？首先，可以確定的是沒有人能知道那不確定的未來。投資這件事關乎著未來，卻無法對尚未發生的事情進行預測，著實讓人感到鬱悶和為難。雖然如果不投資的話，生活可能會感到很舒心，但如果已經決定要投資了，則無可避免地會陷入需要對不知道的未來進行預測的兩難境地。因此，當人們為了做出某種決策，會一邊查看過去的數據圖表，一邊進行著技術性分析，並根據所分析企業的財務報表進行決策。甚至

也有些人連這種最低限度努力都沒有，而是透過所謂的網路專家或熟人小道消息及在耳濡目染之下，作為投資自己寶貴資產的決策標準。不過，這些努力都屬於活用過去和現在，以及自己的資源甚至別人的資源，來補足自己對未來的無知。再次強調，我們無法準確地知道未來，那麼反正也無從得知，所以乾脆不要預測了嗎？所幸的是尚有其他對策，就是改變思想的框架。我們需要擺脫預測後的「對、錯」二分法，對未來可能發生的事情制定出一套劇本，並在實際情況下用最適切的方法應對，這就是所謂的風險管理。

01

任何人都看不見的投資風險

在投資的世界裡，風險就是指賠錢的可能性，並且風險是看不見的，只有在出現損失時，才能醒悟到「啊，原來當時存在風險啊」。這就恰似 1995 年在三豐百貨公司倒塌之前，無人能準確地知道該建築物內部情況有多麼地危險，直到事後調查才發現三豐百貨公司在坍塌事故發生幾個月前，就已經出現了龜裂等倒塌徵兆。就這樣，1995 年 6 月 29 日上午，從五樓開始出現了嚴重的倒塌徵兆，儘管如此，當時管理層還是決定繼續營業，同時進行維修工程，而且這還是在建築物內尚有一千多名顧客及服務人員的情況下。下午六點左右，五樓開始倒塌，建築物在承重柱不堪負荷後的 20 餘秒內就完全地倒塌了。人員傷亡慘重，留下了一共 501 人死亡、6 人失蹤、937 人受傷的駭人記錄。然而，這樣的事故豈會僅止於三豐百貨公司？雖然很多事故後來都會被報導為是可以事先預防的事故，但這種惡性循環的情形現在也仍然在持續，這就是現實（也是後見之明偏誤在產生作用）。

同樣，在投資的世界裡，即使現在不會立即發生損失，也要瞭解到風險會時時刻刻地隱藏在某處。事實上，在投資報酬產生和累積的過程中，也可能隱藏著我們所不知道的風險而未能多加留意，只是因為無法確認，所以就在不知道的狀態下讓它過去了。反過來說，如果損失出現時風險才會變得更加顯眼，那麼在多頭市場或獲得高報酬的情況下，才更因為無法看清風險，而需要經常觀察風險所隱藏的位置。亦即，即使是每天行駛的熟悉道路，且為往返共有六線道的寬闊道路，也要時刻集中精力在駕駛上而不能鬆懈，正是因為不知道在哪個路段會有動物突然竄出，又或是突然有車插進來影響駕駛。

再強調一次，如果能夠提前預知風險，就可以防止嚴重的失誤，但這真的非常困難且無法以數字量化呈現。風險因投資者而異，所以無法推測或事先計算，但卻也無法在事後準確地找出原因。即使全面地進行了分析，但要如何區分究竟是運氣不好，或者是本來就有許多導致失敗的風險因子存在呢？此時我們能做的就是遵守風險管理的一些原則，讓我們從現在開始一起思考投資中所說的風險管理原則吧！

❶ 買進價格要低、報酬要高

　　明智的投資者是相比其他人獲得更多報酬的人嗎？反而是做好風險管理而獲得該風險程度下應有的報酬，又或是以非常小的風險獲得微幅報酬的人，才能算是明智的投資者。high risk, high return，高風險高報酬對於現在的我們來說幾乎就是真理，但如果可以以低風險獲得高報酬，不是更好嗎？假如損失的可能性很小，但賺錢的可能性很大，投資者當然都會選擇這種方法。然而實際上並非如此，假如在處於上升趨勢市場下的某企業股價超過了其本身價值，就可以算是一支昂貴的股票，但人們反而會因此啟動過度樂觀的心理，邊期待著股價進一步上漲而買進。有時在購買某樣東西時，我們會為了尋找更便宜的價格而在各購物網站上來回穿梭，但在股票市場上，股價越貴的時候，人們很奇怪地更會出現購買的傾向，這卻反而很有可能是造成損失風險增加的一個錯誤選擇。只有訓練有素的價值投資者，才能同時實現低風險和高報酬。他們透過以低於實際價值的價格買進某些股票，以追求高報酬或適當的報酬。當然這種價值投資方式也存在著其他風險，那就是當其他股票在多頭市場上處於熊熊燃燒的上升勢頭時，自己的投資成果則可能落於人後，而這確實

也是傳統的價值投資方法令許多人持反對態度的原因。因此，投資方法終歸還是各自的選擇而已，不過可以肯定的是：持續的投資與成功的投資，比起透過強勢而具攻擊性的投資方法，更取決於如何管理風險。

❷ 三個女巫的合作作品

那麼，沒有進行風險管理的危險投資究竟是如何產生的呢？這是由想要儘快取得更多成果的急躁、依靠過度樂觀性而產生毫無根據的自信，以及被困在自己視野中的疏忽，三者相結合而產生。這樣看來，「股票投資裡隱藏的真正風險，最終還是投資者自己。」

幾天前是個正適合騎自行車的天氣，我便帶著新買的自行車騎乘在自行車專用道路上，但是那天卻發生了意外。作為自行車新手，在行駛的時候會隨時做好剎車的準備，所以不曾在行駛中發生過任何事故。後來到了該休息的時候，就決定坐在長椅上稍作休息，這時自行車架上幾乎停滿了自行車，不過還有剩下的一個空位。往那邊走的路兩旁有很多人，所以只能想辦法鑽過狹窄的縫隙。總之，在我想越過障礙去到那個自行車架的途中，好像看到有一輛自行車倒在那裡。

我想著新買的自行車很輕，應該可以輕鬆地用手拎著過去。然而，糟糕！正當要舉著自行車跨過去的瞬間，似乎撞上了什麼東西，仔細一看，我的自行車撞到了那輛正在修理的自行車，結果那輛車的車架末端一個脆弱部分損壞了，而且偏偏是一台價值超過一千萬韓元的高單價自行車。回家的路上，我撫慰著跳得厲害的心臟和慌亂的心情，再次想起了事故總是這些條件的合作作品這個事實：想快點騎乘新自行車的急躁、新自行車很輕而可以輕鬆地舉起並跨過障礙物之毫無根據的自信，以及不細心地觀察前面有什麼東西的疏忽。所謂「三個女巫」──急躁、自信、疏忽，不只是出現在股票市場，在其他所有事故發生時也都會出現。雖然公路自行車不可能每段都騎得很開心，但至少不要發生重大事故吧？這樣在最後才能喝著涼爽的飲料，體驗運動後的成就感。如果是在投資上發生這樣的事故，將會導致個人變得難以再次重新開始投資。

02
喜歡有耐心的「富」

　　之前提到明智的投資人肯定是個善於管理風險的人，而且為了成功管理風險，策略上必須讓時間這個變數站在自己這一邊。不過，不僅是剛開始投資股票的人，就連已經在股票市場載浮載沉一段時間的人，也會經常問「什麼時候買呢？」、「什麼時候賣呢？」，表現出執著於短期買賣時點及整體股價走勢的情況。誰都想以最低的價格買進，以最高的價格賣出，但是在被蒙上了那稱作為不確定性面紗的股票市場上，是不可能進行這樣的買賣；特別是從長遠來看，更是不可能每次都以這樣的方式進行投資。當然，透過產業發展週期、景氣循環、利率、GDP、進出口統計等多種資料，在一定程度上可以推測出某一期間大致上的走勢。然而，這就如同我們雖然大致上知道季節的變化，但每天的氣象預報則總是在出錯。有時候，假如說已經確認了某企業各個方面都在健全地成長當中，那麼就不應該只觀察該企業在這個週期的發展，而是要觀察到下一個週期甚至明年以後的狀況才

正確。

　　股票投資等受運氣影響較大的活動，即使過程再優秀，也要經過很長時間才得以取得一個好的結果，這是由於原因和結果之間沒有緊密相互聯繫的關係。小提琴大師鄭京和老師無論何時都能以最高水平進行演奏，但最厲害的投資者即便做出了正確的決策，也經常無法在短期內取得好的結果。在無法預測的不幸總是藏身在四周的情況下，只有讓決策的次數增加，實力才得以顯露出來。

　　・機率在長期的事情上比在短期表現得更穩定。

　　・我們無法控制偶發事件。

　　・在不確定性中我們能盡全力的事情，是長時間貫徹執行最可能出現良好結果的做法。

　　・在不確定性的世界裡，需要確保多樣性、允許和活用失敗，以及擁有長遠觀察的視角。

　　對投資不太瞭解的人應該也聽過華倫・巴菲特這號人物。生於 1930 年，現在已經是名九十多歲的老人家了。據悉截至 2022 年為止的總財產為 1,167 億美元。然而他之所以有名，並不是因為他是名超級富翁，而是因為他從十幾歲開

始正式投資，足足 45 年以上年均報酬持續維持在 15 ～ 20% 左右，這一點令人驚訝不已。雖然他可能是承接班傑明・葛拉漢價值投資策略的投資天才，但事實上讓他成為富翁的祕密是「長期」（圖 22），且那個時間的祕密，就是在每個期間末尾，讓本金加上利息後，合計作為下一期間的本金來計算利息所產生的複利效果。

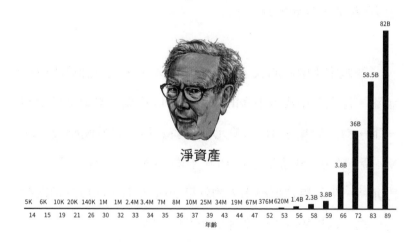

圖 22　華倫・巴菲特的投資報酬 2

淨資產

																						3.8B		36B	58.5B	82B

5K　6K　10K 20K 140K 1M　1M 2.4M 3.4M 7M　8M 10M 25M 34M 19M 67M 376M 620M 1.4B 2.3B 3.8B

14　15　19　21　26　30　32　33　34　35　36　37　39　43　44　47　52　53　56　58　59　66　72　83　89
年齡

其實複利的祕密很難用人類的頭腦一下子完全理解，所以人們才會無視複利，只透過投資技法、買進及賣出時間點、研究企業等方式累積財富。如果能夠以非常簡單明瞭的方式

正確理解複利的祕密，怎麼忘得了如此強大的致富祕密呢？
AKRIX 基金 Akre Focus Fund 的查爾斯・阿克爾 Chuck Akre 曾如此地
強調道：

　　「我向朋友們丟出了這樣的提問：『要現在立即獲得
75 萬美元嗎？還是要從 1 美分開始，在 30 天內每天獲得翻
一倍後的金額？』複利就是成就偉大投資的方法，那麼複利
的效果如何呢？上面提問的答案雖然簡單，卻令人驚訝。如
果 1 美分在 30 天內每天翻一倍，那將會是 1 千萬美元再加
上 73 萬 7 千美元零頭。」

　　對數字不敏感的我，需要親自帶入數字加以計算才會有
感覺。肯定有和我差不多的讀者，所以我親自舉個例子說明
一下。努力籌集了 10 萬美元種子資金後，終於開始投資的
Mr. 金，聽說美國那斯達克 10 年平均報酬率為 20%，而華倫・
巴菲特一生的投資報酬率大約就是 20% 左右，所以就稍微貪
心一點，以年報酬 20% 為假設後開始計算。

表 7　種子資金 10 萬美元，20 年間以年 20% 複利之計算表

Year	利息	總利息	總金額
0	—	—	$100,000.00
1	$21,939.11	$21,939.11	$121,939.11
2	$26,752.35	$48,691.46	$148,691.46
3	$32,621.58	$81,313.04	$181,313.04
4	$39,778.47	$121,091.51	$221,091.51
5	$48,505.51	$169,597.01	$269,597.01
6	$59,147.18	$228,744.20	$328,744.20
7	$72,123.55	$300,867.74	$400,867.74
8	$87,946.81	$388,814.55	$488,814.55
9	$107,241.55	$496,056.10	$596,056.10
10	$130,769.40	$626,825.50	$726,825.50
11	$159,459.03	$786,284.53	$886,284.53
12	$194,442.93	$980,727.46	$1,080,727.46
13	$237,101.97	$1,217,829.43	$1,317,829.43
14	$289,120.03	$1,506,949.46	$1,606,949.46
15	$352,550.38	$1,859,499.84	$1,959,499.84
16	$429,896.80	$2,289,396.64	$2,389,396.64
17	$524,212.32	$2,813,608.96	$2,913,608.96
18	$639,219.83	$3,452,828.79	$3,552,828.79
19	$779,458.96	$4.232.287.75	$4,332,287.75
20	$950,465.31	$5,182,753.06	$5,282,753.06

　　種子資金 10 萬美元，換算後約 1 億韓元（假設 1 USD
=1 千韓元）。光是 10 年內達到了 7 億 2 千 6 百萬韓元這一
點已經足以令人感到驚訝，然而到了 20 年時，則足足變為
了 53 億韓元左右，著實令人難以置信。將前 10 年和後 10
年進行比較的話，可以看到後 10 年的報酬率趨勢就像發射
火箭似地飆升。（表 7，圖 23）。

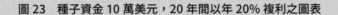

圖 23　種子資金 10 萬美元，20 年間以年 20% 複利之圖表

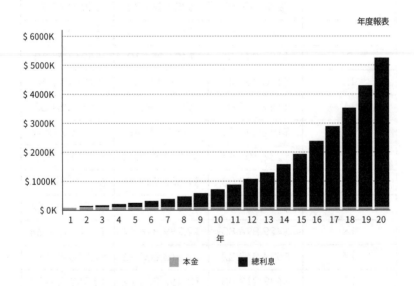

　　如果期望能夠投資成功，就要像圖表展示的一樣，需要
一個相對較長的期間，但人類心理上無法等待的急躁才是問

題所在，因為總是會想要捨棄耐心，盡可能地趕快實現報酬。

　　然而複利的魔法中，也存在著非常殘酷和殘忍的地方需要我們小心注意。首先，華倫・巴菲特警告：

　　「不要忘記任何數字乘以 0 之後，就會變成 0。不管目前持有多少賺錢的投資標的，如果目前使用過多的貸款進行投資，或者正在做任何有可能讓其變為 0 的事情，那麼這一切都將成為灰姑娘中出現的南瓜與老鼠。」

　　簡單地以短期間來重新計算一下吧？如果用 10 萬美元種子資金，連續 3 年獲得 50% 報酬的話，就會產生約 3 億 3 千 7 百萬韓元，但是在第二年產生 -50% 損失的話，馬上就會下跌至 1 億 6 千 7 百萬韓元左右。如果 3 年間連續遭受了 -50% 損失的話，最初的 1 億韓元就已經損失了一半以上，手中只會剩下 4 千 2 百萬韓元左右。（表 8，圖 24）。當然，這是一個極端的例子，但可以清楚地知道為何會強調要進行一個不會損失的投資了吧？因為我們知道一次的負增長對資產增加來說，將會帶來非常致命的負面影響，所以在實際進行投資時，無論如何都要想方設法地避免遭受損失。最終想告訴大家的還是：我們需要放棄對於高報酬的慾望，並找到管理風險的方法。

表 8　種子資金 10 萬美元，3 年間年 50% 報酬後，
3 年間年 50% 損失之計算表

年	利息	總利息	總金額
0	—	—	$337,500.00
1	$-168,750.00	$-168,750.00	$168,750.00
2	$-84,375.00	$-253,125.00	$84,375.00
3	$-42,187.50	$-295,312.50	$42,187.50

圖 24　種子資金 10 萬美元，3 年間年報酬 50% 後，
3 年間年損失 50% 之圖表

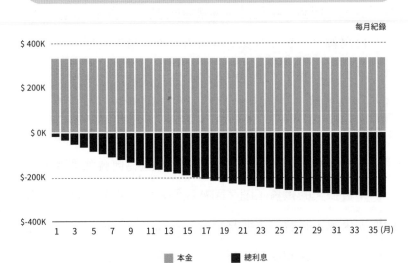

每月紀錄

■ 本金　　■ 總利息

　　儘管如此，很多人還是期待在短時間內大賺一筆，並致力於讓報酬最大化，因為他們認為只要認真收看經濟節目、購買與投資相關的書籍來學習，就能造就獲得好幾倍報酬的優秀投資。然而，今年創下最高報酬率的投資者或基金經理，在明年之後要持續維持相同報酬率水準，會是件非常困難的事情。僅從職業棒球來看，突然擊出全壘打的選手或許可以帶領球隊贏得一次比賽的勝利，但從整個賽季來看，打擊率不會參差不齊且一直穩定地擊出安打的三成打擊率打者，才是球隊的珍寶。投資的世界亦相同，一次性大賺一筆並非進行持續投資的正確方式，事實上反而經常會因此以悲劇作收。華倫‧巴菲特不是年度最高投資報酬率獎的得獎者，只是長時間持之以恆地投資，所以穩定地看到了報酬而已。

　　當然，對於買進後無條件長期持有策略的反駁聲浪也是不容小覷，特別是與前面介紹的美國股票市場不同，韓國和日本等其他國家的股價，在歷史上都沒有再繼續攀高，而是呈現出上下浮動，被困在箱型狀態。在這種情況下，就無法再說買進股票後無條件地一輩子持有是合理的決定了吧？

　　前面曾介紹的賴瑞‧海特即非持買進後長期持有策略之人，而是以「順勢交易」的策略於 30 年間取得了巨大的成功。順勢交易策略即為：如果目前股價比 40 ～ 50 日前的價

格要高，很多人便會認為這個價格會進一步上升，所以為了跟上這個趨勢而買進股票；在股價下跌時，預定一個即使損失也尚可接受的比率，如果達到這個比率，就立即賣出該股票的策略。這種方式也是以無法預測股價為前提，面臨損失時就立刻止損，但仍採用緊緊追隨報酬趨勢的策略。賴瑞・海特最終完成了不受人們心理影響的一套系統化交易，曾以年均報酬率 30％管理著 10 億美元以上資產的投資顧問公司。不過事實上，我對於一般投資者能否依樣畫葫蘆這種順勢交易的策略抱有懷疑的態度，一般投資者又要上學、又要工作開會或著做生意，很難總是看著走勢圖觀察趨勢變化吧？特別是對於擁有本職的一般投資者來說，我認為好似深呼吸一般，深沉而長期的投資方式會更加合適。

　　無論大家往後在買進股票後選擇長期持有，還是遵循順勢交易策略，只有一個事實非常明確：前來我診所諮詢股票投資問題的人中，沒有一個人實踐了時間及複利的原理，他們表現出瞄準暴漲股、主題股等快速賺取行情差價的短期性交易行為模式，他們都是拋下了時間（time）而不願意等待，只會想著買進或賣出時點（timing）而狼狽不堪的人們。最重要的是他們沒有自己的投資原則，價值投資、成長型投資、動能投資法、順勢交易策略，或是即使不是這些投資方式，

無論以何種方式都應該要擁有自己的原則，才能在投資過程中得到反饋並學習。然而，他們身上並不存在這些，只有快速賺錢的目標和慾望。再次強調，為了成為能夠持續投資和知曉複利祕密的投資者，需要的並非投機取巧，而是管理風險的自制力和耐力。

03
成為懂得懷疑的提問者

❶ 避免自滿的大原則

　　某天，新聞、經濟相關 YouTube 頻道，甚至證券公司分析師都預測微軟第一季度業績會表現優異，在這種情況下，思考單純的人會充滿信心地認為「是啊！業績表現優異的話，股價肯定會上漲。那麼買進這支股票就好了吧？」並且這時應該早已露出了欣慰的笑容，對於努力學習的自己做出的判斷感到無比欣慰吧？然而，或許業績比起預期來得不理想，或者股價已經上漲了很多，公告業績後價格反而轉為下跌，但這個人對此卻毫無其他對策。原本期待著公告出優異的業績和股價大幅上漲這兩件事，卻突然出現了意想不到的狀況，人們就會出現諸如「股價為什麼下跌了呢？有我不知道的不利因素嗎？」或是「似乎還會繼續下跌，那麼現在應該要立即拋售嗎？」的反應。這類投資者都應該檢視自己的投資劇本，並思考假如出現與預想不同的情況時要如何處理

的對策。前面亦曾經提及，投資者們有必要應對可能影響結果的錯覺、後見之明等各種偏誤。

❷ 幫自己分擔的分散投資

大家應該都很清楚股票市場的格言「不要把雞蛋放在同一個籃子裡」。人們通常會認為自己的籃子很堅固，裡面的雞蛋絕對不會破掉，但這就是自滿，就是過度承擔風險。光靠夢想和希望的投資絕對無法成功，即使進行了徹底的分析，即使選擇著名分析師或專家推薦的投資標的，當你認知到結果依然是誰都無法預知這點，我們就會理所當然地認為分散投資有其必要性所在。

這時，如果想描繪更大的藍圖，首先應該要考慮整體資產的投資組合，包括房地產、股票、債券、美元等。但是，在整體資產中第一步要確定的就是股票所佔據的比例，以及股票比例內也需要考慮所謂成長股、價值股、配息股等股票特性以進行配置。另外，也可以配置韓國、美國、中國與其他新興國家市場等股票，以達到分散投資的目的。這裡也要注意到分散投資並非僅僅意味著投資標的的多寡，例如共有7支投資標的，種類卻都是成長股的話，等於只買了一種吧？

選擇與一種投資種類特性完全相反的另一種投資種類，才是
做到所謂的分散投資風險，並且這一切都要根據自己的投資
原則和利率、匯率等總體經濟循環，以組成或重新調整投資
組合內容。

　　補充一點，雖然說分散投資是基本原則，但在人生的某
個時間點（主要是初期）也許會有只能聚焦於 1 ～ 2 個投資
種類的時候。如果判斷該風險為自己所能承擔，且即使產生
問題也並非無挽回之可能，那麼有時免不了需要集中投資，
分散到過多投資種類反而對獲取報酬沒有幫助，且會有難以
持續地管理投資的時候。

❸ 成爲提問者，而非樂觀主義者或悲觀主義者

　　樂觀主義者是可能獲得龐大報酬，也可能蒙受巨大損失
的人，他們很容易過於相信自己、於高價買進股票，或是也
很可能利用大眾群體心理進行投資。相反，悲觀主義者雖然
很看起來聰明，但經常會錯過成功投資的好機會，而且由於
各種壓力和不安心理，通常難以進行一個穩定的投資。

　　前面我曾說過需要驗證自己的投資假說，以形成自己
的見解。在此過程中，總是會有各種訊息和噪音混雜在一

起，讓投資者感到混亂。我們不應該在聽到「由於新冠肺炎大流行，生技產業前途無量」的說法四處流傳，就立即買進著名的生技公司股票，而是應該對這些故事秉持著懷疑的態度，進而對自己提問。請試著寫下「新冠肺炎會流行至何時呢？」、「如果病毒持續變異，疫苗公司今後的發展方向為何？」、「目前技術領先的生技公司，今後持續成長的可能性？或者擋在他們前面的障礙是什麼呢？」、「雖然現在顯得稍微落後，但以後具有成長性的公司是哪家呢？」、「正在開發的產品中，成功可能性較大的產品是什麼呢？」、「如果這些產品面臨失敗，投資者需要如何應對？」等各式各樣提問並尋找答案。管理風險的投資者既不是樂觀主義者，也不是懷疑主義者，而是要成為提出疑問的提問者。而自己努力尋找答案的過程，就是成為明智的投資者的過程。

04

開闊眼界，擺脫自己的想法

　　成人患有 ADHD 的人當中，部分人會有注意力不集中的症狀，他們在解決問題或工作時，組織化或系統化的能力低下，傾向於只集中於自己看得見的事物；另外，患有憂鬱症的人會用否定的視角，觀察和解釋自己和世界。兩者都是見樹不見林；只用自己所知道的東西進行判斷，或者只看自己想看的事物。如果不想犯下像這樣因陷入自己的想法，致使疏忽產生的錯誤，而是想要綜觀整體的話，必須要進行機率思考。但是，從機率來思考問題也是我們不熟悉的方式，因此我們有必要考慮多種替代方案。

❶ 進行機率思考吧！

　　首先，請努力轉換為像是頻率等機率性相關的語言。雖然應該有許多方法，但是思考「頻率」是讓自己得以擺脫視角受限的好方法。

簡單舉個例子吧？某天，美國 FDA 發出公告表示，A 藥物相比 B 藥物發生血栓的風險高出 100%。聽到風險增加多達 100% 的消息後，人們應該會開始害怕藥物治療。那麼，當你聽到這些新聞時，你會做出什麼選擇呢？第一，因為危險，所以選擇不吃 A 藥物；第二，想著血栓不會發生在自己身上，繼續服用藥物；第三，進行機率思考。

雖然這是假想例子，但是我們有必要將這些 % 數字中隱含的心理反應更加客觀化。這裡所指的將機率思考客觀化又是如何進行的呢？最簡單的方法，就是確認其自然頻率，即確認藥物中血栓發生的自然頻率後，可以確認 B 藥物發生的頻率為每 10 萬人中只有 1 人，那麼 A 藥物就只是每 10 萬人中增加到了 2 人而已。

然而我們在實際情況下，總是無法以機率思考問題，事實上也沒有必要。就像我們不會說「週末在附近便利商店跟朋友見面的機率是 90%」，只會說「週末可能會在附近便利商店跟朋友見面」。但是，在股票市場上不能估量著「A 股票好像會上漲很多」就直接進行投資，可是又不能用數字呈現出的機率加以計算，更何況假如因為機率高而賭上一切的話，可能會因此陷入危險當中。

因此，尚可以透過另一種機率思考方式——期望值。在

前面介紹的《隨機騙局》中，納西姆・塔雷伯用機率與事件的利得相乘出的期望值概念說明了這一點。納西姆・塔雷伯以期望值為例，預測市場上漲的機率很高，並提出了上漲的機率為 70%。然而與這種正向的預測相反，對於 S&P 期貨則持有賣出的意見，這是因為市場上漲的機率雖然很高，但期望值卻呈現負值的關係。（表 9）。

表 9　期望值

事件之機率損益期望值	機率	損益	期望值
市場上漲	70%	1%	0.7%
市場下跌	30%	-10%	-0.3%
合計	100%		-2.3%

再舉一個假想例子，美國績優股微軟雖然於第一季度業績發表會中公佈了超出預期的業績，但是由於股價早已被投資者們追高，因此假設市場僅會反映出 1% 的上升幅度。那麼假如業績不如預期時，股價則是會出現暴跌的情形。然而，如果不是這樣的成長股，而是冷門股的情況下，當意外地出現理想業績時，股價反而是會暴漲，那麼即使業績不好的機率很高，期望值也會是正值。

前面也說明了，「高風險、高報酬」的原則並不總是正確。當景氣良好的時候，被認為是安全資產的國債，其風險會隨著時間的推移越來越低，期望值也會越來越高；但是作為風險資產的股票則與人們所認知的不同，風險會持續提高，而期望值會持續降低，下降到無法繼續賺錢的水平，所以這句話也可以表示為「高風險，高報酬或高損失」。因此，投資的關鍵不是命中率，而是命中時獲得的報酬規模，所以一個投資組合的十個投資標的中，即使下跌的標的很多，只要因為其中一個期望值高到足以大幅地獲取報酬，那麼整體投資組合將能呈現出非常好的報酬率。

❷ 讓我們也看看對方的心理

經過努力學習，發現並買進了一支優良的企業股票，但為什麼股價不漲呢？這時，與其感嘆其他人為什麼不知道這麼優良的企業，不如觀察參與在股票市場中對方的心理。

簡單地思考股價上漲的原因，並非因為企業業績突出或者它是一支高股息股，而是因為買方比賣方來得多。還記得前面說過，股票市場的最小單位是人，買方、賣方、觀察者聚集在一起，按照各自的需求做決策的地方就是股票市場

嗎？雖然業績和股息很重要，但這畢竟是過去的資料，而股價則是根據人們現在做出的決策所形成。雖然透過所謂「技術性分析」就包含股價走勢、交易量、時間三者之間關係的圖表進行分析，也很難準確地預測未來，但卻可以一目瞭然地看到過去股票市場參與者的想法。另外，由於特定指標的圖表及交易量可以觀察到目前市場參與者的想法，從這一點看來，這些資料在一定程度上是具有預測接下來趨勢的長處。因此，只要能夠很好地運用技術性分析，就可以成為分析對方心理的管道。當然，對於價值投資者與長期投資者來說，是否有研究這些資料的必要，相關的反駁也不在少數。但是，移動平均線、支撐線和阻力線、雙頂及雙底等幾種特定指標，終究是反映了股票市場參與者的心理，因此即使你不是盲目地相信這些資料的人，但是在擴大自己狹窄的視野上作出貢獻這點，這些資料依然值得參考。

❸ 不知何時會出現的黑天鵝

最後，雖然像「黑天鵝」這樣意想不到的事情並非經常發生，但卻需要事先認知到它隨時都有可能出現的事實。在1697 年於澳洲發現黑天鵝之前，歐洲人都認為天鵝是白色

的，因為直到到那時為止看到的都是白色的天鵝。納西姆・塔雷伯在他的另一部名著《黑天鵝效應》中提到了此一用語，並定義為脫離了以已知事實為根據的預測，卻發生意想不到的極端情況。

我們通常認為事件是以鐘形的常態分布曲線出現，並以此計算機率進行預測。在一般常態分布中，鐘形是中間高而寬，越到兩端則急劇平坦，這裡的兩端稱作為尾巴。然而與常態分布不同，尾巴變厚的形狀被稱為「肥尾 fat tails」。（圖25），納西姆・塔雷伯表示在這個厚厚的尾巴上，會發生超出一般預期而令人震驚的事件。

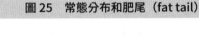

圖25　常態分布和肥尾（fat tail）

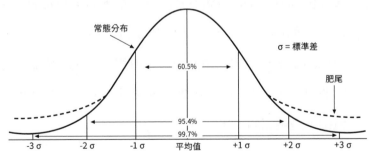

常態分布

σ = 標準差

肥尾

60.5%

95.4%

99.7%

-3σ　　-2σ　　-1σ　　平均值　　+1σ　　+2σ　　+3σ

　　1941 年日本攻擊珍珠港、2001 年 911 恐怖攻擊、2008
年美國金融危機等就是黑天鵝的例子。納西姆・塔雷伯表示
當然並非只有負面的事件才是黑天鵝，但就算是這種極度令
人震驚的不可預測事件，一旦發生之後，人們也都會試圖為
這些事件編造出某種合理的解釋，並分析成好似原本是可以
預見的事情一樣。他說明這些概念的目的，是因為在歷史、
科學和經濟等領域中，一般來說我們很難完全地跳脫既定認
知以進行預測，但投資者對於衝擊性事件帶來的破壞性作
用，依然會試圖去理解的行為，將會導致危險的發生。另外
還強調，即使採用專家們相對較具科學性的方式管理自己所
認為的不確定性，也依然無法預測諸如此類罕見的事件。

　　下面兩張圖是勞勃・席勒教授所分析的資料，為 1871
年之後美國 S&P500 的報酬率與常態分布下的預測報酬率曲
線同時呈現的圖表。首先以 2019 年為例，從年度為單位來
看，市場報酬率雖然超出預測曲線，但相對算是有依循常態
分布的曲線，而 2019 年是 S&P500 歷史上表現最好的年度之
一，但卻不是極端的一年。

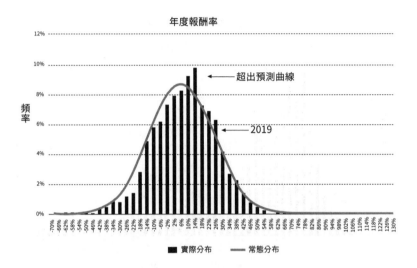

圖 26　S&P 指數以年度為單位之報酬率

然而，如果將檢視單位拉長至 10 年，圖表就會出現變形，報酬率的分布會出現三個高峰。第一個是像 1970 年代或 21 世紀頭十年一樣的空頭市場，正在經歷這種空頭市場的投資者，在 10 年末尾時幾乎沒有可以拿得出手的投資成果；第二個高峰是投資者同時經歷了長期空頭和多頭的 10 年，而在 10 年期間結束後，累積的市場報酬率會落在 60%～ 80% 的範圍之間，且年報酬率約為 5%～ 6% 左右。雖然並不理想，但至少比通貨膨脹幅度來得更好。最後，右側的第三個高峰則是對應至另一個多頭市場的 10 年。

圖 27   S&P 指數以 10 年為單位之報酬率

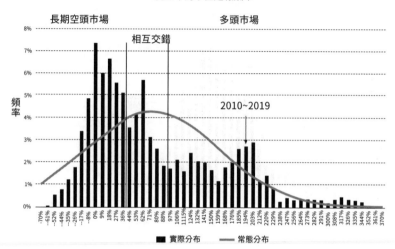

因此，想要管理風險的投資者不要只考慮平均值和中間值等數值，而要在考慮整體分布之後再進行判斷。另外也要時刻記住，以觀察和經驗為根據的學習和知識是多麼的有限並有弱點，因為我們所知道將不會是全部。

諾貝爾物理學獎得主菲利普・安德森 Philip Anderson 說，在現實世界中，很多事情的影響力不亞於「平均」，而是由整體分布下的「尾巴」來決定。驅動世界的不是「平均」而是例外，不是以漸進的方式而是以偶然，不是由中產階級而是由超級富翁。我們不應該拘泥在對於平均的想法。

05
過度貸款引發的投資風險

＜股票投資成癮的朴○○的故事＞

58 歲的朴○○今日和配偶一同初次來到了門診就診。聽說朴○○已經投資股票 25 年了，每次損失都很嚴重，每次都是由家人替他解決債務。問題持續的原因之一是因為家人阻止他投資股票，情急之下偷偷貸款後又投入到了股票市場上，最終卻還是蒙受了損失。從向熟人貸款，到信用貸款、股票質押貸款、高利貸，只要是可以拿得到錢的地方，就沒有未使用過的方法。家人看著反覆投資虧損的朴○○，認為他如果不是投資成癮的話，絕對不可能如此，經過艱難地說服之後，終於前來就診。

股票市場經常被比喻成戰場，而個人、機構投資人、外資、基金經理、對沖基金、金融機構、大股東、投資顧問公司等各式各樣的投資者皆參與在這場戰爭之中。在這個戰場

的中心，大部分個人投資者因為情報的數量和質量問題，特別是投資資金不足的原因，用於戰爭的火力相比敵人們顯得不足也是事實，因此各項條件都相當不利。不過近年來隨著網路發達，透過活用 SNS 或 YouTube 等媒體，情報的數量、質量以及投資環境相比過去來說，皆以一個無法比較的程度變得更加有利於個人。例如，在跨海交易美國 Apple Inc. 的股票時，假如能夠解決語言上的障礙，在美國或是在韓國的個人投資者，於情報獲取能力上的差異就不會太大，因為隨時都可以接收到全世界的新聞，且各種 SNS 上也會充斥著各種情報分享。雖然由於企業的重要事項或公告，總是要按照嚴格的法律規定進行公示，無法得知機構投資人是否有可能搶佔先機，獲得個人投資者所不知的部分情報，但如果考量到龐大的市場參與人數，大部分情況對這些個人投資者並不會有太大的影響。

問題則是在於錢。部分的個人投資者可能會是例外，但一般的個人投資者經常都會感受到投資資金的不足，因為他們總是想更快地獲得更多的報酬。然而在這種心態下，每當出現了許多股票賺錢的消息和新聞報道，理所當然地會產生透過貸款來裝滿子彈的慾望。雖然很幸運地，第一次借的錢可能相比之前有更快獲得投資報酬，但這樣的事情卻很難持

續下去，反倒是突然面臨下跌時，帶來的會是難以用言語形容的恐慌和痛苦。前面也曾提到，如果只想著股價上漲而過度貸款的話，就是無視對股票的基本規律，也是沒有做好股票投資準備的行為。當然，這與基於自己對股票投資的專業知識和經驗，在自有資產的範圍內增加投資資金的情況可能有所不同，但假如是完全沒有學習股票的知識，總是透過周圍的小道消息或一些假專家選出的投資標的來買賣股票，或者是只追逐主題股和暴漲股的投資者，因為並非透過自行學習進行投資，如果市場不按照預想的方向發展時，就會比他人更快地落入失敗的境地。而在相對較短的期間內投資失利的情形，大部分都與過度貸款脫不了關係。貸款是什麼？證券公司或金融機構並非以幫助個人投資者得到獲利後的幸福為目的，而是為了公司的利益，將貸款打造成眾多金融商品之一而已，並且這種貸款商品一般來說都會適用比銀行更高的利息，以將公司相關收入最大化。同時，一個人貸款得越多，公司方面也可以賺得更多的股票交易手續費，可以說是一舉兩得。

　　如果要說個人投資者相較於機構投資人或專職投資者所擁有的最大優勢，那便是可以選擇停止股票買賣。包括機構投資人在內的其他投資者，他們的命運就是需要不斷地進行

股票交易，但非專職投資者的個人投資者，就沒有必要如此。
時間！這就是個人投資者在股票市場這個戰場上擁有的強大
武器。當然，假如不是利用閒錢進行投資，而是拿出自己的
房貸基金投入在股票上，又或是透過短期貸款進行投資，就
意味著無法使用時間這一強大武器進行戰鬥，而在這樣的狀
況下進行的戰鬥將總是以失敗告終。

06
判斷何時該停止的安全股票投資法

　　每個人的一生注定從出生開始就要反覆地進行決策和選擇，直到進入墳墓為止。要在家玩遊戲，還是在公園和朋友玩呢？要吃炸醬麵，還是海鮮麵呢？要看愛情電影，還是動作鉅片呢？要按照指考分數水準，還是照著小時候的夢想選擇大學呢？交往對象要選擇漂亮的女人，還是善良的女人呢？要創業，還是當公務員呢？……雖然做了無數的決策和選擇，但似乎總是不那麼容易，特別是有關金錢和投資的選擇，總是非常困難又經常出現失誤。雖然這段話看似很理所當然，但選擇不只是自己的權利，我們也需要為此付出相應的責任。也許乍看之下別人似乎做出了一個錯誤的選擇，但是做出選擇的當事人想必都有其理由所在。就像購買中獎率低得離譜的樂透，這對於某些人來說是浪費錢的行為，但對某些人來說卻可能是買下一個夢想的行為吧？例如，對於那些真的每天就連拿出足以維持生命的最低生活費都有困難的人來說，樂透在他們心理上的意義可能與機率上的意義並不

相同。在生活困難的情況下，買樂透這件事從數學的角度看來，仍然不是一個很好的判斷，但卻多少可以理解這是導因於樂透在他們心理上所產生的意義。當然無需每個人都同意這樣的論調，但我只是希望強調，有關錢和投資相關的決策，從各自的角度來看都會有其合理的理由。

最近在經濟節目或 YouTube 頻道等媒體上，經常會聽到錢的價值正在下跌，因此出現無論是投資股票還是房地產都勢在必行等論調。事實上在進入新冠肺炎時代之後，美國 FED 透過量化寬鬆政策印刷了鉅額美元，故而可以理解美元價值可能會下跌這點。光是從周圍的人小時候只要 50 韓元或 100 韓元就可以買到冰淇淋，現在的冰淇淋價格相比那個時期已經上漲了約 10 倍到 20 倍左右，可見錢的價值無疑地正在下跌。這麼看來，僅靠努力工作積累的薪水是無法生活在金錢價值下跌的這個時代，所以投資勢在必行的論調非常合理。

儘管如此，決定投資與否是與各自的生活方式和哲學有關，因此對於這個時代要求我們要投資，且很多人也都如此，所以自己也要如此的這個結論，有必要深入地思考一番。可能因為生活的價值觀或是性格上，僅想要透過自己的勞動收入和相對安全的銀行活存、定存過生活的話，這種選擇也應

該得到尊重。亦即在考量各自的立場和處境後決定的選擇，至少從那個人的立場來看將會合乎道理。這次只是向大家分享了我與前來就診的人們一起苦惱過的內容，期望能夠對於往後大家做出各種選擇時帶來正面的幫助，因而才小心翼翼地在此提出意見。

❶ 做還是不做？總之先從實踐開始

　　某天，我和女兒來到了專賣衣服的商店街，但女兒不管走到哪間店都不買衣服，我問她為什麼？她表示沒有自己喜歡的衣服。足足逛了三個小時！轉來轉去卻一個都不想買，因為覺得她太挑剔了而感到有些煩躁。不過不久之後我的想法改變了，假如硬是買了一件不合心意的衣服，她並不會感到幸福開心，就算好不容易隨便買了一件，最後也會塞到衣櫃的角落裡，那倒不如不買才是明智的選擇。就算只是買件衣服，消費者不是也會看它的顏色、設計和品牌嗎？況且為了買得更便宜，我們甚至會投入時間上購物網站搜尋。就連買一件衣服也要區分要買和不買的衣服，那麼在投資自己寶貴的金錢時，卻不細究這是否為適合自己的投資，我想應該不會有比這更奇怪的事情了吧？

　　人們往往認為所謂選擇，就是要去做某件事，就像我們為了維持健康，要吃有營養的食物、要運動一樣。但是，所謂選擇也包括不去做某件事，就像為了健康，就要選擇不飲酒、不吸菸。在投資上，也不會只選擇一定要去做的事，也可能會要選擇不去做的事。仔細觀察那些善於投資的人，就會發現他們是清楚知道自己應該做什麼、不應該做什麼，並會付諸實行的人。

❷ 沒興趣或沒準備好的人，乾脆不做會更好！

　　不久前，電視上介紹了目前正飼養著三隻寵物犬的飼主的故事，講述小狗們平時在家很溫順，但出去散步時就會變得很兇，因此讓犬主感到很辛苦。原來因為犬主太忙了，每週幾乎只能和小狗們散步一次，然而卻經常連這一次都無法遵守。寵物訓練專家表示應該在飼養寵物之前，先確認自己所處的環境是否可以養寵物？自己是否已經做好了養寵物的準備？如果是無法好好照顧到連每天散步都做不到的程度，還不如不養寵物會更好。

　　投資也是一樣。我們應該要有靜靜地思考的時間，探討自己：是否做好了投資的準備？是否生活在適合投資的環境

下？為了成為富翁或過上更好的生活而投資，但是自己目前的投資真的有助於累積財富、提高生活品質嗎？那麼，讓我們仔細看看，什麼情況下不投資反而才是更好的選擇呢？

　　首先，沒有什麼比因為別人都在做，所以就帶著焦急的心毫無準備地開始盲目投資來得更危險的事情了。在沒有明確的理由與原則，以及缺乏對於具體投資方法之學習過程的情況下，應該要避免僅僅因為他人都表示投資勢在必行，所以秉持著自己也應該要如此的心態，而像是被追趕似地投身於投資世界。否則，很容易淪為已經盯上這些人的「投資高手」們的獵物。部分股票投資專家建議，即使是以少量的錢，也要試著開始投資，並將因此損失的錢當作學費。當然，從無論什麼事情都要透過實際經驗才能學習的層面看來，從小額開始投資確實是件好事。問題是毫無準備地投身於股票市場，假如因為運氣好而賺得報酬的話，就會從此開始覺得自己可以在股票市場上橫行無阻，誤以為自己是個特別的人。而這之後，就會變為手握著自己的錢甚至是借來的錢，等待著第二次幸運到來的所謂「盲目投資」的情況。剛開始開車的「新手」通常都會特別小心，所以不太會發生重大事故，但只要稍微熟悉了之後，就會產生自信，同時也加快了速度，這時當然就極其容易發生重大事故。因此，即使是用少量的

錢開始投資，也要做好一定的準備；開車的時候不是也需要基本的知識、安全方面的教育及道路駕駛練習嗎？也就是說，至少需要足夠的時間去做準備，讓自己免於在投資市場上發生重大事故。

接下來是對投資感到極度不安的人們。因為股票市場總是充滿著不確定性，感到不安是再正常不過的事情了，然而過度的不安，就會成為問題。雖然開始投資了，卻因為擔心虧損而總是戰戰兢兢，晚上無法入眠，又隨時緊盯著行情走勢，只要價格稍微下跌就會無法集中於日常生活的人，最好不要投資。在波動性大的股票市場中，不安是必然的情緒，更沒有人能夠完全像在看天上的雲彩一樣，輕鬆地接受這個理所當然的現象。問題是這些人性格上容易擔驚受怕，總是會提前設定最壞的情況，反覆地問著「如果行情不好的話怎麼辦？」、「行情能轉好嗎？」這些只有未來才能回答，而現在無從知曉答案的問題。這樣的人乾脆不要投資股票，對心理健康才是更好的選擇。由於投資是與未來有關的事情，基本上對更加樂觀正向的人來說會更適合。

第三，不斷與別人進行比較，抱怨別人賺了多少，而自己卻只賺了多少的人，最好也要停止投資股票，因為這樣的人即使產生了收益也不會感到滿足；如果蒙受損失，就會因

為嫉妒心和自責感而無法入眠，同時經常容易因為心理焦急而無法遵守投資原則，違反風險管理原則的可能性也很大。

另外，如果沒有制定或是沒有遵守屬於自己的投資原則的話，最好停止投資。在充滿不確定性的市場中進行投資，沒有自己的投資原則就好似製作家具沒有使用捲尺，僅用目測的方式進行一樣的道理。只有具備投資原則，才能在投資成功時繼續堅持著該原則，在出現虧損時適當地修正原則，透過這樣的學習過程令自己成長。

而且人生中有時肯定會有比投資更重要的事情發生，雖然也是有人一輩子投資，但是面對重要的考試、結婚、創業初期、其他各種重要事情時，在一定期間內停止股票投資，集中精力做自己的事情會是更好的選擇。對於一般個人投資者來說，投資不是人生的全部而是一部分，因此應該考量到在人生的整個旅程中，那些比投資更重要的優先事項。特別是在股票市場情況非常不好的時候，所謂的機構投資人或專職投資者，有時也會有不管經濟或市場情況如何，都依然要投資；相反，個人投資者卻不一樣，經濟低迷或空頭市場持續時間較長時，個人投資者可以選擇停止投資並稍作休息，而能夠休息反而是作為個人投資者的優點。菲利普・費雪（華倫・巴菲特的另一位老師）的兒子，也是費雪投資管理諮詢

公司 Fisher Investment 的董事長肯尼斯‧費雪 Kenneth Fisher，在其著作《擊敗群眾的逆向思維》中提到：「如果熊市來臨，股價在長期內下跌 20% 以上的可能性很大，那麼離開市場將是明智之舉。」然而誰能提前預測熊市呢？幸好肯尼斯‧費雪也在書中提及，建議投資者不要試圖準確地預測掌握，等待幾個月左右再伺機而動也不遲。

　　決定要做什麼是一種選擇，但不做什麼會更好的話，也是一種選擇。投資這件事是為了讓自己過上好日子，如果生活因此變得艱難，當然不投資才是正確的選擇。股票投資在我感興趣或做得好的時候再進行就可以了，如果沒有興趣或尚未準備好的話，就絕對不要投資。

　　特別是對某些人來說，股票投資可能不是致富或過上美好人生的手段，因為股票市場應該要是投資企業後分享其成果的地方，而不是賭上人生的地方。因此，投資股票獲得的報酬及損失，不僅要看金錢方面，還要考量對生活產生的整體影響後再進行判斷。像是在前面提到的幾種情況中，如果是以對生活產生的整體影響為基準時，選擇不投資反而才會獲得更多的利益。然而，假如不投資對自己來說應該才是更好的選擇，卻還是一味地投資的話，選擇長時間下來經過驗證的間接投資商品也是一種替代方案。

　　如果大家經過充分的時間深思熟慮後，依然選擇了投資，那麼並非要先決定買進什麼股票，而是要先學習在股票投資過程中所需的多種投資相關知識和企業分析等基礎而具體的知識。當然，本書並不涉及此這部分，因此希望大家多多閱讀相關領域的經典著作和近期出版的好書，並參考鼓勵進行健康投資的節目與媒體。不過需要再次強調，股票市場並不是經過大量學習或在長時間沉浮下，就都能拿到好成績的地方，最重要的是要明白學習適合自己的投資哲學、態度以及只屬於自己的決策原則，為一個必經的過程。

為明智的投資者準備的自我診斷

相信自我探索和記錄的力量吧！透過誠實的回答可以讓自己進一步成長。

❶ 如果你是名股票投資者，你在過去的投資過程中是如何管理風險的呢？從未出現過任何問題嗎？

❷ 如果你是名股票投資者，試想你的風險管理原則及方法。

❸ 你是否有符合本書內容中「不建議投資股票的情形」呢？該情形為何？以及如果該情形為可以改善的問題，是否有在制定什麼樣的計劃呢？

PART

8

投資成功的第五階段：
成長爲有價值的投資者

　　2021 年 5 月 1 日，美國跨國多元控股公司波克夏海瑟威 Berkshire Hathaway Inc. 召開了年度股東大會。因為新冠肺炎的緣故，股東們僅透過線上會議見面。但與平時不同，會議召開的地點並非在總公司所在的內布拉斯加州奧馬哈，而是在副會長查理・蒙格居住的洛杉磯。當時查理・蒙格已經 97 歲了，會長華倫・巴菲特也已經 90 歲了，兩人不僅在投資上，在健康管理上也有獨到的見解。

　　其實很多人都知道華倫・巴菲特，但相對來說很多人卻不太知道查理・蒙格是誰。在股東大會上，華倫・巴菲特會小心翼翼地回答現場提問，但查理・蒙格的性格正如同眾所周知的一樣，會直言不諱地進行批判或是在巴菲特的說明上附加自己的例子再加以闡述。那麼可以在哪裡窺見他的智慧和投資哲學呢？閱讀《操盤快思 X 投資慢想》和《魔球投資學》一書，便能找到答案。查理・蒙格於 1994 年在美國南加州大學和 1996 年史丹佛大學，向學生們介紹自己的投資哲學為「多元思維模型」，他表示這個模型是股票、金融、經濟學、物理學、生物學、社會學、心理學、哲學、政治學、數學等知識相互交織並強化後，成為幫助我們以統合性的方式瞭解世界的模型。換句話說，所謂投資就是要從各個學科領域的知識中學習可運用的概念，並將各個領域的理論模型

建構成網狀結構，進而找出模型之間的關聯性，再透過整合的過程解決問題。在本章中，我建議大家像查理・蒙格一樣利用多元思維模型及進行統合性學習（圖 28）的理由如下。

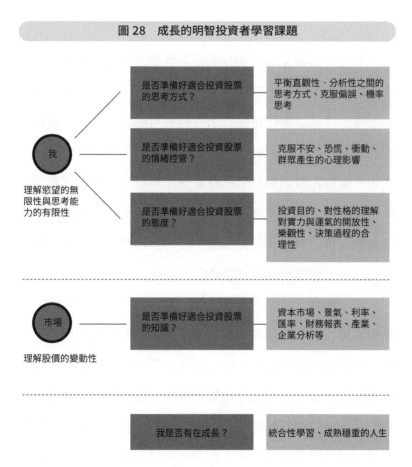

圖 28　成長的明智投資者學習課題

- 我（理解慾望的無限性與思考能力的有限性）
  - 是否準備好適合投資股票的思考方式？ → 平衡直觀性・分析性之間的思考方式、克服偏誤、機率思考
  - 是否準備好適合投資股票的情緒控管？ → 克服不安、恐慌、衝動、群眾產生的心理影響
  - 是否準備好適合投資股票的態度？ → 投資目的、對性格的理解對實力與運氣的開放性、樂觀性、決策過程的合理性

- 市場（理解股價的變動性）
  - 是否準備好適合投資股票的知識？ → 資本市場、景氣、利率、匯率、財務報表、產業、企業分析等

- 我是否有在成長？ → 統合性學習、成熟穩重的人生

01

為了能夠持續投資的股票學習

　　首先，透過紮實而密集的統合性學習，分析經濟、股票市場以及企業，在一定程度上可以減少對所投資企業或市場的不確定性。這與總是急於求成而完全倚靠著幸運在買賣股票的行為相比，產生鮮明的對比了吧？如果進行急性子的投資，不僅是在股價稍有上漲時就會出現貪慾，也很容易對諸如市場噪音等錯誤情報感到不安；而在股價稍有下跌時，恐慌就會向自己襲來。如此一來，任何微幅的股價變動，都會讓自己產生難以承受的情緒變化。

　　再次強調，如果不能克服「慾望、不安、恐慌與急躁」，就無法進行長久而持續的投資。然而人們在股票市場中不可能完美地調節這種情緒，所以假如能夠如同上述提及的多元思維模型一樣，透過充分地學習所獲得的知識和智慧進行投資的話，無論聽到什麼噪音，無論股價下跌或上漲，都能免於讓自己被捲入情緒之中，那麼便可以安穩而舒適地持續進行投資了吧？

　　另外，正如前面所提到，股票市場是一個複雜系統，也就是一個原因不會只對應產生一個結果的地方。這裡並非一個利率、一個物價或是一個 FED 在作用的地方，而是科學與政治、社會與文化，以及任何相關事物都與經濟產生複雜的交互作用的地方。你有每天都在關注經濟新聞、利率變化和匯率變化嗎？有在每天聽完專家講解後就要看一下目前行情趨勢才能放心嗎？這樣對於想要持續長期投資的個人投資者來說，只會妨礙本職工作，且對於精神健康亦無益。與其這樣，倒不如關心一下世界整體運作的道理，這樣既有益於投資，也有益於自己的人生。事實上，這種洞察世界發展的能力，在想要透過長期投資獲得利益的層面上，確實能夠帶來許多助益；亦即，統合性的接近方式在股票市場中不會只反映在理想層面上，在最現實的投資利益最大化方面也能夠帶來很大的效益。

02

對我們來說比賺錢更重要的事情

　　強調統合性學習的另一個理由，是為了比賺錢更重要的事情——過上一個富足而美麗的人生。投資所需要的，並非是在所有領域中擁有卓越的知識和智慧，而就算擁有卓越而淵博的知識，也不一定會在投資上取得成功。不過，我們依然還是會在投資的過程中，與世界、各種企業還有人生的興亡盛衰與喜怒哀樂相遇，不是嗎？因此，股票市場就像是人生中的縮小版學校、運動場、遊樂場、戰場、公演場、醫院和葬禮。人們在股票市場中學習、成長、玩耍、競爭、出生及死亡，相當於透過投資股票學習及體驗了人生。如果因為投資而每天只看著數字、金錢、報表，這樣的人生應該非常的可悲。那麼，如何才算是過上了好的人生呢？不正是夢想著健康地生活、幸福地生活、豐足地生活嗎？如果想要這樣的生活，我們就必須要具備以更廣闊的視野，看待社會、心理、政治、文化、哲學、生物學、醫學、藝術、宗教等的好奇心和探索的慾望。

03
我人生的成長股和價值股

　　曾經有一段時間，報紙和網路上都充斥著股票和加密貨幣的話題吧？韓國綜合股價指數超過 3,000 點，有的專家認為「定會達到 4,000 點」，有的專家認為「已經是最高點了，已經是泡沫了」，記得雙方都紛紛各持己見。從某種角度來看，經濟專家和股票專家的意見不一樣是很自然的事情。雖然有其必要去描繪未來的藍圖，但正如前面所探討一樣，誰都不知道未來，而我們也只能對著結果進行解釋。特別是最近在低利率環境下，貨幣數量增加、金錢價值相對下跌，確實是應該要投資一些東西，這也是為何許多人都將錢投資在了房地產或股票上。

❶ 真正的成長股是我自己

　　如果我是 20 ～ 30 歲的人，或者我所擁有的實力和金錢並不夠，我該怎麼投資呢？這時，比起做著不確定的投資，

首先應該要努力培養自己的實力，讓自己成為「成長股」。唯有透過這樣的方式增加收入後，對生活產生實質的幫助並同時積累財富，才能好好地計劃投資。否則，如果只期待著突然成為暴發戶這一條路，大部分都會做出錯誤的決策，最終造成難以挽回的問題。簡而言之，雖然我們需要投資，但讓自己成長才是最首要的事情。如同在其他領域成長一樣，需要時間才能讓汗水及努力化作養分滋養自己。

在這個世界上，只有人類才能播種、耕地吧？藉助太陽的恩惠，以力氣和汗水為肥努力播種，等待時機成熟時收穫，這基本上就是農作物生長的原理。耕地的時候也是一樣，成長和變化不會一次到來，而投資的智慧就在於此，且這種智慧永遠都應該先適用在自己身上。

那麼只有孩子和青年需要成長嗎？並非如此，在人生百歲時代的今天，每個人都需要成長和成熟，而重點在於是否有在用心尋找需要進一步成長和成熟的地方。身為 70 歲的老人依然經常讀書、透過登山維持體力、幫助鄰居，這樣的人在實踐成長和成熟的方面，就是我們的典範。

❷ 眞正的價值股是我自己

　　雖然也有因經濟困難、失業等引起的壓力和憂鬱而來到門診就診的病患，但比起這些，也有很多人努力生活、薪水上調，卻依然感到沒有希望而前來門診訴說自己的憂鬱和無力感。有些人總是和別人比較，說著「你看，我連○○都做不到啊！」「我連這個都沒有啊！」「我什麼都做不好！」整天都在收集自己的缺點；也有些人在投資後獲得了一定的報酬，卻依然感到不安。這些人需要伴隨著自己的成長，同時集中在自己的「價值」上。目前投資不順心嗎？有什麼困難嗎？即使是如此，也要稱讚自己一直以來努力地生活，就算沒有人幫我加油，至少我也應該成為自己最後的支持者。就像對待最好的朋友一樣，對自己大喊「加油！」要知道比起我擁有的實力或財富，不，是比起任何東西，最重要的是對自身「存在價值」的信念不能崩潰，因為人是「human-being」，而不是「human-doing」。

04

令投資者成長及提高價值的方法

投資中所謂的再平衡 rebalancing 意指重新調整正在運用的資產之比例。例如，將 1 千萬韓元投資於股票和債券所組成的投資組合，其比例分別為 60：40。如果出現價格變動或其他任何因素時，就需要重新調整比例。

價值、成長、再平衡不僅僅是股票市場的用語。為了讓自己的價值成長所做的各種努力，以工作、金錢、家庭、健康、關係、信仰、興趣等構成自己的人生組合時，也會使用再平衡這個詞。人生當然也需要隨著時間的流逝有所變化，不，有時候在無意間也會產生變化。那時，我們就會自然地想問自己是否有在成長？自己的人生是否有價值？有時候也會問，自己的時間和熱情應該要用在剩下人生中的哪個部分？應該要再增加人生組合中哪個部分的價值？如果現在產生了這樣的疑問，那麼我們應該認真思考，我們想要的幸福生活到底是何樣貌。

幸福是什麼？雖然每個人都在談論幸福，幸福卻難以用

一句話完全地表達，且常常被用於表現滿足感或快樂等各種
含義，因此很難加以定義。

　　而對於現代人重視的經濟方面，儘管某些研究認為所得
高的人相比所得低的人來更加幸福，但要得出以所得決定幸
福程度的結論，依然有些操之過急。相反，綜合其他研究來
看，在人均國民總所得大幅增加的同時，感到幸福的人之比
例卻幾乎沒有變化。雖然以國家別進行比較時，GDP 和幸
福感成正比，但在 GDP 超過 2 萬美元的國家中，卻找不到
所得和幸福之間的關聯性。光是我們自己的國家，不是馬上
就能夠得到驗證了嗎？雖然人均 GDP 持續上升，但人們的
幸福感卻減少了，自殺率反而增加了。

　　那麼透過樂透中獎體驗到大賺一筆的感覺，就會感到幸
福嗎？研究結果顯示，像樂透中獎者一樣有過戲劇性經歷的
人，該經驗帶來的幸福感或不幸感並不會持續一年以上。另
外，曾有大量研究顯示，生活中發生的大小事物，整體來說
對幸福的影響並不長遠外，統合分析結果亦顯示環境或生活
經歷對幸福的影響也只有 10% 左右。換句話說，比起外部環
境影響，其他因素對增加人們幸福感來說更為重要。

　　這種關於幸福生活的哲學問題，在進入 2000 年代後隨
著「正向心理學」的誕生，開始重新整合與審視。在正向心

理學中，幸福生活是以快樂生活、參與生活和有意義的人生加以解釋。

　　在正向心理學談論的幸福條件中，第一個是「快樂生活」。當感到心情憂鬱或停滯不前時，要如何說出幸福二字？也就是說，積極的情緒對幸福也很重要。試問大家在做什麼的時候，會有好心情呢？以及和誰在一起的時候，會有好心情呢？

　　與前來就診的成癮患者交談時，沒有看到他們會對酒、賭博、藥物等成癮物質以外的東西感到快樂。他們沒有買過詩集，連去趟微旅行也已經是很久以前的事情了，更沒有為貝多芬的音樂流過眼淚。不過，快樂並不是只有在做出某種行為時才能找到。在一個因整天工作而感到疲憊的夜晚，暫時讓自己待在一個只屬於自己的空間裡，試著深吸一口氣調整一下心情，這時可以聽聽看從內心傳來的安靜而溫暖的聲音。那樣的聲音一般都是說「今天也辛苦了」、「沒關係，這樣就足夠了」、「還有明天啊」，然後拍拍自己的背，這時候微笑就會重新回到我們的嘴角。假如聽著自己喜歡的音樂，像是蕭邦的《夜曲》或是《Reflection of life》等經典流行音樂，適當的提高音量應該也會很不錯。透過這樣屬於自己的空間與時間，大家枯竭的快樂電池將會重新被充飽電。

　　幸福的第二個條件是「參與生活」，意指發現並活用自己的優勢，讓自己投入在自己的人生之中。類似這樣的提問會非常好：「我有什麼優勢呢？」、「當我做什麼事情時，能活用我的優勢呢？」、「我在做什麼的時候會全神貫注到完全感覺不到時間的流逝，並會獲得成就感呢？」努力補足自己的弱點或問題點固然重要，但這並非幸福所在之處。其實沒有必要去挑戰什麼了不起的事情，當你為了成長而活用自己的優勢時，找上門來的就會是成就感和自信心。假如現在能舉起一個 10 公斤的東西，繼續努力直到能夠舉起 11 公斤的東西就足夠了。相反，如果目標僅是 5 公斤或直接設定為 20 公斤的話，絕對無法在進行這件事的過程中感覺到投入感。那麼，現在需要的應該是制定一個能夠讓自己成長一小步的微型計畫吧？

　　最後是「尋找有意義的人生」。無論我們過著多麼快樂和富有成就感的人生，如果不賦予價值或意義，幸福感就無法持續下去。幸福的香氣必定是在自己所做的一切都有價值和意義的時候，才能長久地留下。因此，可以說幸福不是一個結果，而是一個過程。我們可能不似德雷莎修女一般能夠在印度奉獻一生，但從自己的事業、從生活的每個經歷中感受到成就感和自豪感，這是誰都可能做到的事情。

　　幾年前，偶然在電視上看到了採訪某位在弘大附近經營日式拉麵店的老闆。聽說那位老闆高中畢業後沒有選擇升學，而是為了正式學習自己喜歡的拉麵料理去了日本。剛開始從餐廳打雜開始，直到那間餐廳的師傅因為他的誠懇態度而敞開心扉，向他傳授了一直以來自己製作拉麵的獨門秘方。老闆回國後，為了尋找出適合韓國人口味的日式拉麵，經過反覆試驗後最終成功開發，並開設了一間小型日式拉麵店。當客人們津津有味地吃著拉麵，表示「老闆，麵很好吃」時老闆感受到的快樂，製作出投入心力開發的拉麵時的成就感，還有看到客人們吃著拉麵而覺得幸福的自豪感與滿足感，這些都可以從他的表情和話語中感受到。這樣的店鋪才會成為顧客排隊等待的美食名店，從而進入到經濟層面的財富也跟著來的良性循環吧？

　　那麼，現在讓我們總結一下本章瞭解到的內容。有些投資者表示，一次性賺大錢後獲得「財富自由」是他們的投資目標，但是如果像這樣只追求結果，不只是會在投資決策時，因各種偏誤和情緒的介入致使自己期望的目標無法實現，有時反而也可能因此造成人生更重的負擔。小時候會思考要成為醫生、企業家、總統還是歌手，但是並非在成為了什麼之後，就結束了不是嗎？對於成為醫生、企業家、總統或歌手

後要如何持續成長下去，為此必需要制定具體的計畫。歸根
結底，投資的目標雖然重要，但每個瞬間的過程和設定目標
之後的行動也都需要一併考慮。只把賺錢或成為富翁的結果
作為人生目標，這可以說是個人幸福感和自信心低落時才會
出現的典型行為模式。

　　雖然大家都知道金錢並非人生的目標，但如果不打起
精神，不知不覺就會看到目標和手段在自己身上被顛倒的樣
子。要投資就一定要做到成功的投資，而投資股票時就會全
心全意專注於賺錢這件事上，這些都很理所當然。不過絕對
不能忘記，即使投資不順利，投資也依然不能成為人生的全
部，而只能成為一部分而已。對大家來說，人生不是還有比
投資更重要的事情嗎？因此，一般投資者務必要重新為自己
的人生，調整出一個適當的投資比重。那麼，現在開始就是
再平衡我們人生投資組合的時間了。

為明智的投資者準備的自我診斷

相信自我探索和記錄的力量吧！透過誠實的回答可以讓自己進一步成長。

---

❶ 你有在做「投資相關的統合性學習」嗎？以及是否有尚須補足之處？

❷ 你做什麼事情的時候會感到滿足和高興呢？又在做什麼的時候會全心投入其中，並獲得成就感呢？以及在哪方面可以找到自己生活的意義和價值呢？

❸ 為了形成良好的投資習慣，你需要進一步成長的地方是哪個部分呢？

❹ 你是夢想財富自由的投資者嗎？如果獲得了財富自由，你會想過什麼樣的生活呢？

❺ 你打造的人生投資組合是否均衡？或者現在是否就是重新調整人生投資組合的時候了？

PART

爲明智的投資者準備的
股票成癮逃脫記

　　有些人在表面上是進行股票投資，卻完全沒有對所投資企業進行瞭解，只憑股價為基準進行交易的投機行為，甚至很多人直接把股票市場當成賭場，只期待著幸運的到來。從行為成癮的角度來看，人的行為可能會產生成癮現象，那麼當然買賣股票的行為也可能產生成癮現象。而且，如果這種成癮性買賣模式反覆出現，嚴重地影響了日常生活時，就會成為需要治療的對象。然而實際上，因股票投資而出現問題，甚至出現成癮行為模式之人，往往不認為自己正在做著具有成癮性的行為。雖然這與酒精成癮等其他成癮種類都屬於成癮，但大部分的人都是直至自己的成癮問題嚴重到最惡劣的程度後，才會在周圍人勸說或強迫下，開始諮詢和治療。

　　如果在症狀不嚴重的初期就認知到了問題，透過自行解決或得到周圍人的幫助，就可以防止更大的問題產生。如果已經因為股票投資引發各種問題，就應該儘快停止並尋找解決方法。

01

股票變成賭博的原因

　　其實股票投資並沒有被歸類為博弈產業，意思是這本來就不是一個賭博產業。那麼，在股票市場上也應該貼合著它的產業分類，進行投資而非賭博。但不知為何，把這裡當作賭博場一樣，進行賭博式投資的人似乎很多。下面例子是因股票投資而出現各種問題的 30 多歲金〇〇，第一天來到門診就診時的樣子。

〈 因股票毀掉家庭的金〇〇的故事 〉

　　35 歲上班族金〇〇面帶憂鬱和擔心的表情，和妻子初次來到了門診，他的故事要從 5 年前開始說起。在聽到同事表示〇〇企業的股票將會暴漲的消息後，便拿出存摺上的 100 萬韓元小心翼翼地開始了投資。想著會慢慢地獲得收益，卻只是在不知不覺中一點一點地增加了損失。雖然感到很不安，但覺得不能就這樣認虧，因此又投入了 1000 萬韓元，

也開始學習看股票行情走勢、研究買進及賣出時間點、搜尋網路上推薦的股票標的、每天在 YouTube 上觀看股票專家的頻道，然後繼續進行著股票交易。即使如此認真，帳戶裡的錢卻仍然不斷地消逝。因為極度的不安感，白天根本無法讓自己的視線離開股票，晚上也無法好好入眠。由於捨不得已經投進去的錢而遲遲無法賣出止損，只能抱著「現在開始應該會上漲吧」的想法茫然地等待著，但卻很悲慘地在大約 5 個月之後，將約莫 70% 左右的本金都賠進去了。慘澹的心情讓他不斷地迎來各個不眠之夜，甚至瞞著妻子偷偷將貸款借來的 2 千萬韓元也押在了暴漲股上，最後就連這個錢也在一個月內虧損殆盡，而不得已向妻子坦白了一切，債務也好不容易才獲得了解決，並寫下了不再投資股票的承諾書。

在那之後大約過去了 6 個月，再次聽到周圍同事玩股票大賺一筆的消息後，突然又產生了想填補之前虧損的想法。這次不僅向周圍朋友借錢，還把手伸向了第二金融圈，在借了錢後又重新抱著錢跳進了股票市場。結果，短短幾個月內損失越來越大，債務增加到了 1 億韓元左右，已經演變為自己無法承受的情況，只好再次向家人吐露實情並請求幫助。妻子在知道後提出了離婚，但即使非常生氣，還是說著這是最後一次，又再次替丈夫解決了債務。

　　本以為會就此平靜下來，但伴隨著新冠肺炎疫情，從
2020 年開始流行著「如果不投資股票就是傻瓜」的說法，
以及在聽到股票市場好不容易才活躍起來的新聞後，又再
次攢錢偷偷開始了投資。這次轉換方式，改為緊緊跟隨著
YouTube 和各種交流群組的腳步進行投資，但頻繁的交易反
而讓損失逐漸增加，時隔幾個月內又再次損失了 1 億韓元。
得知這一消息的家人懷著迫切的心情，懇切地勸說他接受治
療，金○○不得已才前來門診就診。

　　在正式談論金○○故事中出現的股票成癮現象之前，我
們有必要先瞭解何為賭博。

❶ 賭博給予的犒賞

　　「賭博」的英文是 gambling 吧？這個詞來自於遊戲
（game）。遊戲不是讓人開心快樂的嗎？所以以前在韓國也
把賭博稱為「樂子」，據說這個樂子一詞也是源於「玩樂」。
大人們為何要賭博呢？因為賭博就是大人們的遊戲，因為它
又有趣又刺激，當然要直到玩累了，才不會繼續下去。

　　不過賭博的定義是什麼呢？一說到賭博，大部分的人
都會聯想到在新聞中捂著臉逃跑的賭徒，並持一個否定的

態度。賭 1000 韓元太少了，所以不能算是賭博嗎？那麼賭 1000 萬韓元左右就算是賭博了嗎？其實法律層面上定義的賭博，在我們的討論範圍之外，不過詞典上定義的賭博，則與賭注金額沒有任何關係。詞典將賭博定義為「以獲得金錢為目的，在存在不確定性的結果上下注金錢的行為」。儘管有這麼中立的定義，很多人還是對賭博持否定態度，這是因為在賭場輸錢、身敗名裂又給家人帶來痛苦的情況隨處可見吧？由於賭博二字帶有這種負面的色彩，所以實際上博彩產業還是更偏好稱作「遊戲」一詞。另外，本書將只採用中立的定義或詞典上的定義來說明賭博。

　　人們很容易理解何為下注金錢，但相反地卻似乎沒有深入思考所謂「不確定性」的意義。在說明賭博時，瞭解這樣的不確定性非常的重要。舉個例子吧？假設大家現在下注在運動彩券上，目前正在舉行 K 聯賽的足球比賽，大家在 S 隊和 J 隊中，對目前排名第一的 J 隊賭上了 5 萬韓元。在這裡的不確定性為：即使 J 隊目前為本賽季的第一名，也依然無法提前知曉今日比賽的勝負，這是很理所當然的道理，因為足球需要在上半場和下半場的比賽結果都出來之後才能分出勝負，不是嗎？然而，這卻也不一定會成為所謂的不確定性。在一開始認知到不確定性時會小心翼翼地下注，就在這樣一

直下注之後，最終出現了對自己的下注過於確信之人，這就是不確定性轉變為確信的瞬間。有趣的是，有些人期待得到報酬，敢於冒險下注，但有些人則選擇透過不確定性在自己心理上產生不安後，從而逃避即將到來的傷害，也就是選擇不進行下注。總結來說，在同樣不確定的情況下，有些人選擇冒險，有些人則選擇安全。

　　試想另一個例子吧。某天，四個朋友一起去了賭場，第一個朋友從以前開始就對賭場這樣的地方持否定態度，可能會輸錢的想法讓他直接離開賭場，回到了飯店；第二個朋友玩的是最簡單的老虎機，因為是第一次玩而感到新奇不已，但沒多久就將準備的 10 萬韓元輸光後也回到了宿舍；第三個朋友用下注的 10 萬韓元贏回了 3 萬韓元，開心地回到了宿舍，但隔天卻在賭場輸掉了所有的錢，灰心地想著「原來這不適合我啊」，之後再也沒有賭博了；最後第四個朋友從第一天開始就贏了 10 萬韓元，回家後依然忘不了在賭場贏錢時的興奮感，之後只要一有時間就會光顧賭場。即使偶爾會輸錢，但只要回想起第一天贏錢的記憶，隔天還是會繼續下注。

　　四個朋友在賭場裡如同上述各有不同的行為。第一個朋友在不確定性面前選擇了不承擔風險的方法，沒有贏錢卻也

沒有損失；第二個朋友和第三個朋友雖然有過輸錢或贏錢的經歷，但並沒有對接下來的行為產生太大的影響，只是把賭博當作一時的樂趣或娛樂而已；然而第四個朋友卻不一樣，贏錢的經驗和興奮的程度不同，承擔風險的態度也不同。最終無關輸錢與否，已經造成了之後仍會不斷地在賭場下注的習慣。

圖 29　賭博的組成構造

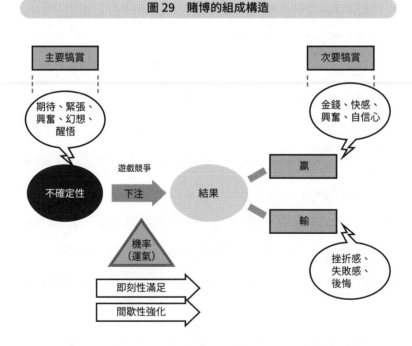

　　雖然是在同樣不確定性的情況下，卻做出完全相反的選擇和行為的原因是什麼呢？這可能與前面提到的個人特質和心理環境不同有關，但這裡還想再探討一下不確定性。期待透過賭錢獲得鉅額報酬的人們，最終會甘願承擔風險，只是這時會產生緊張、專注與刺激的感覺，同時經歷興奮感與快感。（圖 29）。

　　讓我們再次回到大家在足球比賽上下注的故事吧。在經過 90 分鐘結束上下場比賽後，如果我下注的 J 隊獲勝的話，贏錢後的心情應該會非常好。贏得錢越多，我們就越能經歷更加強烈的快感，這樣與結果聯動的利益、犒賞或者透過經驗中獲得的犒賞，被稱為次要犒賞。那麼即代表還有主要犒賞吧？對於下注的人來說，在結果出來之前因不確定性帶來的期待感和刺激感，就是主要犒賞（基本犒賞）。如果 J 隊與期待相反，輸了比賽的話呢？不只損失了下注的錢，更產生了後悔和怨懟的情緒。這時人們雖然會下決心說「唉，再也不賭了」，但也有些人依然會無法戒掉賭博。其中原因為：無論比賽結果如何，賭博在基本上提供的期待感，以及透過這些感受到的緊張感和刺激感，本身就是他們的首要犒賞。不過假如在下注後大贏了一筆的話，故事又會變得不一樣了。次要犒賞中的金錢犒賞太過於強烈，強烈到甚至決定了

接下來的行為方式。從這時起就產生了新的標準，亦即要獲得一定程度的錢、要感受到一定程度的刺激感，才能有真正在下注的感覺。

　　讓賭博變得像賭博一樣的原因，就是這種強而有力的犒賞方式，又名「間歇性犒賞」方式。就是先讓人們認為每隔一段固定時間就能得到犒賞，但實際上並非有規律地進行犒賞，而是以隨機的方式，讓人無從得知下次犒賞的時間點。因此得到過一次犒賞的人，便會期待著下一次的犒賞，而為此不斷地作出行動。間歇性犒賞方式在股票、公司獎金等日常生活中也很容易觀察得到。

❷ 賭博的種類及股票

　　之前提到賭博是「期待贏得不確定性的事物而下注金錢的行為」，雖然在下注的瞬間不知道會出現什麼樣的結果，但可以確定的是：結果只會是輸或贏其中之一。在創造結果的過程中，有些賭博的結果是只根據 100% 的機率（運氣）。有些賭博的結果是受到運氣、技術或經驗產生一定程度的影響；又有些賭博的結果是結合運氣及對過去數據資料及結果分析後而得。（表 10）。

表 10　賭博的種類

● 下注結果 100% 靠運氣決定的賭博：樂透，老虎機，百家樂，輪盤
● 下注結果與運氣、技術和經驗皆在一定程度上產生影響的賭博：二十一點、德州撲克，Go-stop
● 下注結果與運氣及對過去資料的分析在一定程度上產生影響的賭博：體育賭博，賽馬，競艇，競輪

其中，成癮性最高的賭博種類是兼具技術、經驗或分析性的賭博。雖然體育賭博或賽馬都是需要分析的賭博項目，但是根據賭博的定義，股票同樣可以分類為分析性賭博項目，因為我們為了投資股票，需要瞭解並分析企業和經濟趨勢發展。換句話說，不經過學習、分析就想要投資股票的人，這樣的行為就像是閉著眼睛，100% 靠運氣決定的賭博一樣，或者是說就像透過擲骰子，把自己交給運氣或個人的直覺。即使不是這些，那也應該會是選擇無條件聽從別人提供的小道消息吧。使用這種錯誤的買賣方法，成為窮光蛋只會是時間問題。不過反過來看，如果認真就體育賭博或賽馬進行學習或分析的人，難道都會賺錢嗎？倒也不是，而股票投資亦是如此。在股票市場中，雖然經濟狀況或企業擁有的內在價值明顯會對股價產生影響，但是在決定所投資企業之價值及

在買賣股票的行為中，包含個人或群體心理在內等多種因素均會產生作用。因此，無關市場或企業如何，人的心理在決策過程中都會成為構成股價的重要變數。總結來說，假如投資者對自己的心理和群體的心理皆不瞭解，只以買樂透的心態進行股票投資的話，終將難以持之以恆。

當然，也有些人認為把股票、期貨、期權等，稱作為賭博是一個過分的主張。這也沒錯，因為這些本就不屬於賭博，而是金融市場的重要經濟活動之一。股票市場從很久以前開始，就已經是最先反映一個國家經濟狀況的重要指標，因而在報紙或網路上，直到現在還是會每天公告股價狀況，甚至對於全世界各國的股價和金融情形亦會同步公告。因此我只是想表示，這些金融商品也具有賭博性、投機性、成癮性，雖然金融市場本身即具有這樣的一面，但更重要的原因是有太多人都以賭博的方式在這裡進行交易。

❸ 不同卻又沒什麼不同的兩件事

由於股票投資屢屢失敗而初次來到診所就診的患者當中，有些人是又投資股票又賭博，所以很容易接受現實，但另有一些人卻會嚴肅而不愉快地表示「我沒有賭博，只是投

資了一些股票，運氣不好而已。」股票市場的大型股通常被稱為藍籌股 blue chip，源於藍色籌碼為蒙特卡洛賭場使用的最昂貴籌碼。此外，賭場稱作為 house，而證券公司也稱作為 house。當然，用語的起源並不重要，真正的問題是在股票市場上不進行投資，而是想要賭博的人太多了。

　　如果三星電子股價上漲，投資者們可以一同獲利，但如果在賭場裡賭錢，有贏錢的人就一定也會出現輸錢的人。另外，如果三星電子的股價上漲，三星電子的資產價值就會跟著上升，但如果我們在賭場透過玩百家樂賺了錢，賭場就會虧損，而如果我們在百家樂上輸了錢，賭場則相反就會賺錢。當然在實際情況中，即使我在賭場贏了錢，賭場也不會吃虧，因為就算不是我，也會有很多人賠錢，何必擔心呢？

　　接下來，我們將以運動彩券作為例子。還記得 2018 年世界盃上，德國和韓國進行了十六強爭奪賽嗎？那場比賽中，除了以愛國心助威的韓國人以外，當時下注的人大部分似乎都是壓在了德國隊身上。德國隊是一支什麼樣的球隊？不正是在討論世界盃冠軍候補國家時，絕對不會漏掉的強者嗎？然而眾所周知，最終韓國隊贏得了勝利。如果當時是下注在勝率較高的德國隊上，那麼這些下注的人應該不會獲得多少報酬，但如果是賭韓國隊贏的人，當時就能賺得一筆龐

大的金額。那麼股票市場是如何呢？即使很多人大量地買進
三星電子，配息也不會減少，反而是股價會上漲，對吧？當
然，雖然誰也不會知道長期的股價趨勢。

　　因此，股票市場與顯然是與零和賽局的賭場不同，其結
構是透過資產價值的提升，讓所有投資者都能一同享受，但
卻仍有許多人指責股票市場就是一個獲得許可的賭場，這是
為什麼呢？於2008年華爾街爆發的金融危機，帶來了許多
啟示。當時，華爾街預測到金融危機即將到來，但仍不斷推
出複雜的投資商品，增加了虧損的可能性，讓投資者自己陷
入了金錢陷阱。而基於「房地產價格總是在上漲」的錯誤確
信下，金融體系內出現了過多的貸款，放寬貸款規定的各家
銀行，也為這危機情形火上澆油。當時股票市場和金融市場
便是如此刺激了人們的慾望，也由於房地產的緣故，讓被點
燃的投資狂潮變成了泡沫，而在泡沫崩潰後，這裡只留下了
令人極度痛苦的殘骸。這種沒有剎車的慾望引發的泡沫，最
終會帶來痛苦並造成一個不穩定的社會。然而就像什麼都沒
有發生過一樣，華爾街現在依然在運作，雖然不良的銀行體
系經過重新整頓後變得更加健全，但該體系仍然在滋養著人
類的慾望，並且在那個體系中，把股票市場當作賭場，像賭
博一樣進行股票交易的人依然不在少數。

一般來說，股票投資和賭博的起始動機不同。我們一開始是怎麼開始玩運動彩券的呢？大部分都是以樂趣開始。可能是出去玩的時候偶然接觸到，又或是看到朋友或同事在玩，感到好奇而開始。如果在這個階段持續虧損，就會忘掉一切回歸日常生活，但是一旦有了贏錢的經驗，從那時開始就完全不同了。原本是為了刺激感而開始的賭博，現在隨著想賺錢的動機越來越大，開始更頻繁地賭博，同時賭上更多的錢，並且即使機率再低，也還是會選擇可以獲得更多報酬的賭博種類。

賭博便是如此以樂趣為基礎，以追求金錢、與他人相處的瑣碎日常或消除壓力的名義開始，但人們進入股票市場的動機則完全不同。股票不是以好奇心、樂趣或偶然而開始，大家最初不都是為了賺錢這個明確的目標嗎？開始股票投資和賭博的動機完全不同，卻無視這一點，把股票當作賭博的話，其結局顯而易見，必定也會因此導致令人痛苦不堪的結果。如果大家今後想持續地投資股票，有必要從賭博成癮者的樣子中學到教訓。假如認為自己是在投資股票，但實際行為卻是在賭博的話，總有一天人生會伴隨著巨大的損失而讓人生變得更加艱難。

我和江北三星醫院申英哲教授的研究組，於 2015 年行

為成癮雜誌 Journal of Behavioral Addictions 發表了有關比較前來博弈門診就診的投資成癮者和賽馬成癮者之臨床特徵研究結果。研究結果顯示，兩組患者在成癮嚴重程度、成癮症狀發生年齡、債務程度、飲酒次數、抑鬱程度、治療持續時間等各方面並無差異。如果要探討兩者差異的話，那就是投資成癮者的教育水平比賽馬成癮者更高、與配偶生活在一起的情形更多，以及在職工作的人更多。另外，投資成癮者即使有成癮問題，也很少願意接受諮詢或治療，因為他們的整體教育水平偏高，同時又是在職場上工作之所謂「白領階級」的股票投資者，就算陷入投資成癮，也會把該行為認定為與其他賭博不同，而僅是在金融市場上的投資行為。由於對本身問題認知的不足，導致了就醫治療率偏低。

　　在賭場輸了錢後，當時說著「我要是再來這裡，我不姓○」的人，最後又去了賭場、輸了錢的原因是什麼呢？如果詢問這些賭博者，經常聽到的回答是因為想到了自己曾經損失的錢，又或是為了挽回當時的損失，哪怕是一點也好。總結來說，他們是為了挽回損失的錢才去了賭場，但這果真是事實嗎？

　　如果在賭場玩輪盤，賭局的結果要一個月後才會揭曉，人們還會想玩嗎？又或者無論是玩百家樂還是二十一點，如

果結果不是在幾秒鐘或幾分鐘內出來，而是幾個小時或幾天後才會揭曉，那麼我們還會再去賭場嗎？假如真的是為了錢而去賭場的話，即使需要時間，也定然會選擇下注並等待。然而，賭博者是絕對無法忍受等待，因為習慣於獲得立即性犒賞與滿足的大腦已經等不及了，所以事實上並非是因為錢的緣故。

　　還有一個明確的根據，可以證明賭博成癮者並非為了錢而賭博，那就是即使沒有債務問題，他們也依然會賭博。由於不適當的賭博行為導致了債臺高築的窘境，但是卻可以看到賭博成癮者會出現試圖透過再次賭博，以挽回損失的行為，然而他們一致主張，賭博的目的就是為了解決債務問題或是撈回本錢。結果，卻經常在造成無法自行解決的局面，而錢又都賠盡的情況下，才艱難地向家人告知事實並請求幫助。家人雖然錯愕又生氣，但在聽到是為了還債才會再次賭博的話語，便抱著「債務解決的話，以後就不會再賭了」的期待，最後還是幫忙收拾了殘局。那麼就如同家人期待的那般，他們便不應該再碰賭博，但實際上時隔不久後，卻又會重新開始賭博了。也就是說，無論有無債務，他們都依然會賭博。贏錢的時候，是覺得會贏得更多報酬而賭博；輸錢的時候，又是想撈回本錢而賭博。這兩者豈非相互矛盾？

02

「投資」和「投機」的關鍵差異

　　在股票方面，投資和投機有何不同呢？雖然每個人都以各種定義進行了說明，但華倫・巴菲特的老師班傑明・葛拉漢 Benjamin Graham 在他1934年的著作《證券分析》中寫道：「所謂投資，就是透過透徹地分析，在保障本金穩定性的同時，獲得適當的報酬。除此之外的操作就是投機。」也就是說，從葛拉漢的價值投資角度來說，要將自己的行為稱作投資，必須包括三個要素：透徹地分析企業和產業、透過風險管理避免產生重大損失、透過企業的利潤追求適當而不過度的報酬。相反，投機就如字面意思，指的是「伺機謀取巨大利益的行為」，此處所謂的「機」就是指買賣時機。換句話說，投機主要是「抓住買賣時機，透過價格漲落伺機謀取巨大利益的行為」。因此，股票市場的投機行為，很有可能成為在不確定性的情況下盲目賭錢、抱著僥倖心態的賭博。由於這樣的賭博是不可能長久持續，所以定會以嚴重損失告終。

　　另外，股票市場中的投機與頻繁交易亦有關聯。雖然

也有價值投資者表示，以 2 ～ 3 年為週期的買賣也算是頻繁交易，但一般來說假如是這樣程度的交易週期，相對來說仍然更接近於投資而非投機。當然也聽過透過超短打或短期買賣獲利的投資者，但那應該是發生在一些投資高手身上的故事。不管是第一次投資股票，還是投資經驗豐富，期望透過頻繁交易持續獲得報酬的投資者，就好比視力不佳者慾穿針引線一般，是一件無比困難的事情。

我想在這裡強調，像是投機這樣的頻繁交易方式，其成功率偏低的另一個重要原因。正如前面所提到，人類於決策過程中會產生各種偏誤和認知歪曲，再加上各種情緒介入的可能性增加，如若頻繁地進行買賣，做出錯誤判斷的機率也會跟著上升。然而，無條件進行長期投資卻也不是唯一的正確答案，因此我們在投資的同時也需要持續地學習與思考。不過，不用經常作出重要買賣決策的最大優點，便是可以因此減少心理因素所產生的錯誤決策。

03

投資幻想背後的影子

　　如果去到書店的商業財經書區，會看到很多書籍都以諸如「誰都可以透過股票投資體驗賺大錢的感覺」等幻想性字眼作為標題，而網路討論區、SNS、YouTube 等媒體則是用更具刺激性的話語誘惑著人們。很多書籍正是如此展現了股票投資理想的一面，但卻幾乎找不到講述因股票而令人處於痛苦之中的書籍。難道是因為人們本性上只想看到光明面，而不想面對黑暗面嗎？想要開始投資的人們必須要瞭解，股票投資擁有光明面和黑暗面，亦擁有玫瑰的美麗和鋒利的刺。因此我認為，至少需要一本書籍提及存在於股票投資另一面的風險和成癮性，以及管理這些風險所需的基本知識和心理方針。

　　其實過去一提到成癮，就會想到酒精、毒品成癮等，意指過度使用某種物質後，變得無法自行控制調節，而對個人或社會帶來損害的狀態。然而近期研究者們透過研究結果和臨床經驗得知，非以某種物質的形式直接進入大腦，而僅是

透過人類的行為，也可能出現類似成癮的現象，這就是行為
成癮。最具代表性的行為成癮疾病，例如：賭博成癮、網路
遊戲成癮、性成癮、購物成癮、食物成癮等。此外，相關領
域專家們使用的 DSM-5 精神疾病診斷準則中，也已正式登
錄了累積最多研究結果的賭博成癮，而學術界使用的正式名
稱為賭博障礙。雖然一般稱作為賭博成癮，但也有部分人使
用了些微不同的名稱，最具代表性的為股票投資成癮，用於
強調賭博成癮中對股票或金融市場成癮的現象時所使用；而
交易成癮，則是指將焦點放在交易行為本身的情況。

04
診斷股票成癮的方法

　　前面提到，賭博的定義就是「在不確定性的事情上賭上金錢、賭上勝負」。因此，將賭博成癮標準適用於股票成癮診斷上，並沒有太大問題。當然，賭博並非全然都會成癮，但部分人是在開始賭博後，經過中間一連串的過程，才逐漸導致成癮變得更加嚴重。如果說以往約莫需要 10 年左右的時間，才會讓成癮症狀嚴重到需要治療的程度，那麼在線上博奕出現之後，由於賭博過程的改變，讓嚴重成癮的情況在約莫 2～3 年內，甚至 1 年內就會出現。假如因賭博而產生了各種問題，無論是 1 年還是 10 年，務必要在更嚴重之前認識到問題本身，自行中斷或請求專家的幫助。

　　並且，這時就需要經歷一個測驗的過程，而這種測驗檢查工具一般來說是以自我回答的方式，判斷一個人是否存在賭博成癮相關的問題，以及問題的嚴重程度為何。至於嚴重程度上，從雖然有在賭博但不會耽誤到日常生活，到有嚴重成癮情形者，其結果可以透過光譜上的點來加以呈現。如果

感到好奇的話，可以在本章的最後部分直接體驗一下。

　　接下來需要的是診斷賭博（股票）成癮的標準。究竟賭博成癮是以什麼標準來診斷的呢？要想瞭解這一點，必須要瞭解世界精神醫學專家們正式使用的標準，為此，現在開始將說明前面提到的 DSM-5 精神疾病診斷準則相關內容。以下 9 個影響日常生活的賭博相關行為當中，只要其中 4 個以上在一年內反覆或持續地出現，即可被診斷為賭博成癮。9 個中符合 4 ～ 5 個為輕症、6 ～ 7 個為中症、8 個以上為重症，依此區分不同等級的嚴重性。由於這主要是於臨床診斷患者時所用，非相關領域專家比起僅透過此判斷工具確認自己的符合情形，更應該把重點放在理解賭博成癮的症狀和特性上。

　　首先，第一個標準為「執著」，意指對某種物質或行為有很多想法與考量，因而耗用了大量的時間和精力的現象。這將導致比起原本認為重要的職場、學業、健康、家庭、價值觀，成癮的物質或行為反而成為了優先順序。雖然並非患上賭博成癮，一天 24 小時就會只想著賭博，但每當有機會，就會費盡心思製造出可以賭博的環境條件，與籌措可供下注的金錢。

　　股票成癮者之情形也大同小異，許多日常生活中的時間

都花費在了股票投資上，因而漸漸疏忽了自己的工作、人際關係和興趣。經常關注著市場走勢，不斷擔心今日股價是上漲還是下跌，更為了籌措投資資金而東奔西走，最終導致難以集中精力於自己原本應該做的事情上。

第二個為「耐受性」，意指為了獲得想要程度的刺激感而加大賭博金額或增加賭博次數等特性，這與追求對刺激和興奮的需求有很大的關係。如果產生了這種耐受性，將絕對無法在做出相同水平的行為下，感受到原本可以獲得的快感和緊張感。從 1 萬韓元開始的賭注，逐漸增加到 10 萬韓元、100 萬韓元，從偶爾有時間才會賭博，次數也逐漸變得愈發頻繁。

當然在股票上也同樣適用。當成癮者對買進價格產生了耐受性，逐漸更加果斷地買進，買賣的基準點因而發生了變化，對金錢的觀念和買賣的原則也變得與以往不同，而這也是導致更加頻繁地買賣股票的原因。

第三個為「戒斷」，此為另一種神經性適應現象。當成癮行為減少或中斷時，會出現兩種類型的戒斷症狀。首先，壓力反應是指打破生物體恆常性的情形，另一種反動反應則是指停止成癮行為時，將經歷與該物質或行為引起的反應完全相反症狀的情形。如酒精成癮者在飲酒後，大腦功能一般

來說會遭到抑制，從而起到暫時緩解緊張及減緩焦慮的效果；但如果處於戒酒狀態下，血液濃度會下降，從而出現完全相反的症狀，即不安和焦慮的反動現象。如果出現這種戒斷現象時，只要重新飲酒即能很快地獲得緩解，這也是為何明知已經出現了問題，也依然會繼續飲酒的重要原因。賭博成癮的情況下並不常出現身體上的戒斷現象，但會出現煩躁、乏味、憂鬱等心理變化。有些人不是只要一天不看股票市場行情，就會感到不安或無聊嗎？甚至與別人的不同，希望不能交易股票的週末能夠快點度過。

第四個為「失去控制力」，此為成癮行為的核心，意指減少或終止賭博行為的努力反覆失敗的情況。在過度負債投資股票而出了問題後，雖然下決心「到此為止」，但沒過多久後又向其他同事借錢投資股票，正是因為如此。與最初的想法不同，為了按照過去的方式快速獲利，又再次進行了衝動買賣。

第五個為「逃避」，將賭博作為逃避負面情緒或問題的手段，但壓力卻反而隨著賭博問題加重而增加，才會又為了忘卻隨之產生的壓力，進入了不斷賭博的惡性循環當中。

股票投資與賭博不同，人們不會以逃避為目的開始，但卻由於心理上想忘卻因股票而損失的金錢及周圍人的信任所

帶來的壓力，才會又選擇重新進入成為避風港的股票市場。

　　第六個為「追擊賭博」，意指為了挽回因賭博產生的金錢上損失，而不斷賭博的情形。追擊賭博的賭博者，在完全失去一切或取得成功之前絕對不會感到滿足，而是會不斷地持續其賭博的行為。

　　如果某人在貸款 5000 萬韓元後，心急地開始了股票投資之路，結果本金中的 4500 萬韓元卻全數賠盡了。那麼現在應該要中斷投資，還是在進行紮實地學習的同時繼續投入剩下的 500 萬韓元，必須在兩者中擇其一。如果在未做任何事情之前，只想著盡快挽回本錢而反覆著不適當的投資，將導致僅剩的本金或追加的金額也都全數賠盡的結果。

　　第七個為「謊言」，此為賭博成癮的重要診斷要素，意指為了隱藏賭博，對家人或親近之人說了謊。這時說的謊話是即興的且已固定成了習慣，妨礙和家人、朋友建立真誠的關係，而得知此一消息的家人通常會指責他們一開口就是滿口謊言。

　　從股票投資的情況來看，大部分會成為問題案例的都是瞞著家人偷偷投資股票之人。很多像這樣偷偷貸款或隱瞞投資的過程和結果，都要到了無法獨自承擔債務的地步時，才會不得不告知事實。

　　第八個為「人際關係、工作等負面結果」，意指因賭博導致重要的人際關係變得岌岌可危，或喪失了職業方面和教育方面的機會以及成功的機會。

　　如果因反覆進行不適當的股票投資而出現問題的話，可能會與配偶之間產生矛盾、面臨離婚危機，與之前建立良好關係的人之間也會變得疏遠。特別是到處借錢卻還不起，自己本身就會不得已開始迴避別人或者斷絕關係。另外，在曾經認真工作過的職場上，也可能因工作怠慢、業務產出不足或金錢問題而辭職，致使經濟情況上變得更加地不穩定。

　　最後，第九個為「債務救濟」，意指在經濟上依賴他人來解決因賭博產生的金錢問題。股票投資產生的問題也與此類似。主要以親近的家人或朋友為對象，承諾只要幫助自己這次，就絕對不會再碰股票，或者因為自己無法解決正面臨的金錢問題，所以巧妙地說服他人幫忙解決。

05
擺脫股票成癮的方法

　　如果有任何讀者符合到目前為止所介紹的成癮標準，而反覆地產生問題或遭受嚴重的損失，首先必須要停止股票投資。然而，真正的困難點是從認知到自己有問題，再至承認問題為止，中間需要耗費很長的時間。大部分成癮者都是在無法自行承擔金錢損失而向家人或熟人請求幫助時，問題才從而暴露出來，但這時情況通常已經非常嚴峻。因此，平時家人和同事們的關心和溫暖的建議，對他們來說比什麼都要重要。如果周圍的人與平時不同，表示急需用錢，或者因為各種原因向自己借錢，或者不小心說出了自己被追債的事實，又或者是流露出擔心或受到壓抑的表情與態度，就有必要靜悄悄地確認其中原由。假如成癮問題真的非常嚴重，對方定會急於隱藏自己的問題，或用更多的謊話來加以掩蓋。明明是很快就會被知道的實情，但是直到最後一刻都在隱瞞及說謊的行為，本身就是成癮的症狀，也是成癮問題已然嚴重的證據。

　　從現在開始，將介紹名為「階段變化」的行為治療原理，並說明陷入股票成癮之人擺脫成癮的方法。

❶ 變化是一個過程，而非一蹴而就

　　人們的習慣和成癮是可以改變的事情嗎？以及該變化是什麼樣的過程呢？變化並非突然從無到有且能一次性達成，而是會在過程中經過幾個不同的特定階段。心理學家普羅查斯卡 Prochaska 和迪克萊門特 DiClemente 針對人們成癮行為的變化過程，進行了如下說明並提出了進行方式。首先在總共 6 個階段中，各個階段皆需要透過具體的方法以進入下一個階段。大致上在反覆透過數次這樣的過程後，才能於期望到達的恢復階段穩定地停留。雖然從平面的角度來看，問題似乎如同在原地轉圈一般反覆地出現，但從另一個角度來看，將中心的時間軸拉出，可以看到其實整體是呈現螺旋狀，以一層一層的方式漸漸地走向恢復之路。（圖 30，表 11）。

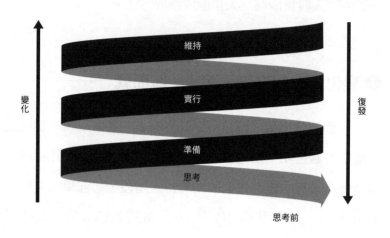

圖 30　螺旋型變化過程

表 11　階段變化

階段	患者特徵	目標	變化策略
思考前	・ 對變化沒有意志 ・ 顯露出否定或抗拒的態度	增進對問題的懷疑和認識	・ 以非批判的態度進行評論 ・ 增進意志，提供協助 ・ 以低強度方式進行
思考	・ 察覺問題 ・ 對變化與否含有兩極化的情緒	衡量決策方向	・ 認識兩極化情緒 ・ 權衡進行變化之利弊 ・ 強化變化後所帶來之利益 ・ 對變化負起責任

準備	・下定決心變化 ・最佳方式－付 　諸實行	決策出一個最佳 方式	・細究各項選擇並建 　立計畫 ・建立符合現實之目 　標
實行	・實際行為變化 ・治療	合理且符合現實 之目標內容	・監測結果 ・鞏固目前累積的成 　功 　解決問題
維持	・完成改變後之 　行為	・發展出新的 　生活方式 ・預防復發	・避免過度期待 ・警惕看似無關緊要 　的決策 ・支持符合現實的目 　標

❷ 邁向健康投資之路

　　首先，如果是已經達到股票成癮的程度，應該先向家人或周圍的人請求幫助。當然，這實際上非常困難。事實上，他們即使想繼續投資股票，卻很有可能力不從心，因為已經沒有更多可投資的錢了。他們之中大多數人由於反覆的投資失利，而陷入嚴重的經濟問題或債務壓力，這時如果又不惜一切代價動員所有手段借錢並倉促地進行交易，很可能再也無法挽回，甚至會出現跌入谷底的情況。

　　請接受現實吧，現實中沒有快速解決的捷徑，更不可能回到過去。雖然可能非常困難，但請必須告知家人，或者向韓國賭博問題管理中心及就近向治療機構請求幫助。在債務

方面，也請積極地利用信用恢復委員會等機構的協助。建議不要獨自苦惱，和他們一起尋找符合現實的方法，因為只要開口請求了幫助，就是展開恢復的起點。

其次的方法是自行中斷股票投資，這也真的很不容易吧？即使暫時刪除股票 app，不去關注股票市場行情，但慾望依然存在，想起損失時也依然無法忍受。如果是這樣的調節能力已經到達了極限，將很難僅憑意志實踐，而是需要「自發性強制」。因此，由於無法自我調節，所以要最大限度地減少接觸股票投資，創造無法進行投資的環境。來到我門診的患者中，有些人將智慧型手機換成了舊式手機，或是使用掛在家人名下的手機號碼，或是防堵貸款訊息接收，又或是透過和家人一起管理自己的薪資和用度等方式實踐。

另外，身體和心靈需要休息一下。如果出現了股票成癮問題，不僅會損失金錢，還會影響工作、失去家人和同事的信任，自尊心也會隨之崩潰，導致身心俱疲。再加上長時間處於極度緊張和壓力的狀態下，憂慮加重而變得敏感、鬱鬱寡歡。這時候睡好吃好是非常重要的事情，雖然心裡感到很痛苦，但一旦吃好睡好，就會有力量迎接下一個全新的早晨。獲得了營養及能量，透過睡眠得到了放鬆，給予身體和大腦休息的機會，才能開始接下來的恢復之路。

　　吃好睡好並好好休息後，找回了一定程度的氣力，我建議可以開始運動。運動時，我們的大腦會生成 BDNF 等腦源性神經營養因子，隨著多巴胺、內啡肽、血清素的生成，可以有助於精神的恢復，防止多巴胺不足現象突然產生，以找回一顆舒適安穩的心。散步也是很好的方法，血清素的形成能讓心情變得平靜，可以一邊緩緩地走著，一邊進行冥想，以集中於自己的心靈和感覺。

　　最後，投資自己。股票投資失敗不代表我們的人生也失敗了，不是嗎？一定還有機會，我們要發現自己的價值，重新振作起來。這是將原本期望透過股票成功的力量和慾望，努力集中至自己的本職工作或新工作上。現在讓自己嘗試真正的投資吧，我們的人生還有很多事情要做呢！

為明智的投資者準備的自我診斷

相信自我探索和記錄的力量吧！透過誠實的回答可以讓自己進一步成長。

❶ 下面是確認自己股票投資問題的時間。你的投資方式健康嗎？讓我們自行檢查一下。

使用下面的標準時需注意，比起「屬於成癮嗎？或是不屬於？」這樣的二分法，我建議其目的更應該活用於確認投資健康度或問題程度。亦即，以一系列光譜的概念來探討臨床上股票投資所引起的問題，既符合現實也非常有用。從沒有問題至重度成癮之間相互連線後，線上的某一點即為自己目前的狀態。

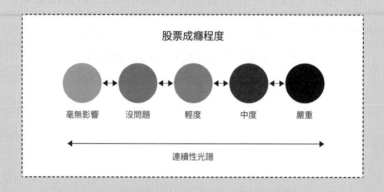

❷ 下面是關於股票投資或交易的相關內容。請就下面各項提問，回答自己在過去 12 個月裡的實際情形。

下面介紹的兩個檢查表內容，是為了進行自我確認所開發的工具。股票成癮檢查表 1（PGSI）是將加拿大用於識別賭博問題而開發的 PGSI 為雛形，加以修改並變化為適用於股票買賣之情形；股票成癮檢查表 2（SAI）為我為進行行為成癮研究而開發的工具，加以改編後之診斷標準。當您覺得自己的股票買賣行為有問題時，請利用這些工具進行檢查。

※ 股票成癮檢查表 1（PGSI）

	問題	無	偶爾	有時	經常
1	您是否曾經將某部分無法承受任何損失的備用金，用於股票投資或股票買賣呢？	0	1	2	3
2	您是否曾經在股票投資或股票買賣時，為了感受到與以前同等的刺激感，而提高自己的投資金額呢？	0	1	2	3
3	您是否曾經為了挽回股票投資或股票買賣所損失的錢，而又重新開始投資呢？	0	1	2	3
4	您是否曾經為了籌措股票投資或股票買賣的資金，而有借錢或變賣個人資產的經驗呢？	0	1	2	3
5	您是否曾經認為自己的股票投資或股票買賣可能存在問題呢？	0	1	2	3
6	您有曾經因為股票投資或股票買賣，產生包括壓力或焦慮在內等健康問題嗎？	0	1	2	3
7	您是否曾經聽到過別人表示您的股票投資或股票買賣行為存在問題，不管所述內容是否屬實？	0	1	2	3

| 8 | 您有曾經因為股票投資或股票買賣，致使本人或家庭經濟出現問題呢？ | 0 | 1 | 2 | 3 |
| 9 | 您是否曾經因為股票投資或股票買賣的方式或結果，而感到過後悔或自責呢？ | 0 | 1 | 2 | 3 |

※ 股票成癮檢查表 2（SAI）

	問題	無	偶爾	有時	經常
1	我曾經為了籌措股票投資或股票買賣的資金，而向熟人或金融機構貸款，又或是變賣資產。	0	1	2	3
2	我曾經對股票投資或股票買賣的行為，感到過後悔或自責。	0	1	2	3
3	我曾經聽到過別人表示我的股票投資或股票買賣行為存在問題，不管所述內容是否屬實。	0	1	2	3
4	我曾經因股票投資或買賣行為，致使本人或家庭經濟出現問題。	0	1	2	3
5	我曾經賭上某部分無法承受任何損失的備用金。	0	1	2	3
6	我曾經因為股票投資或股票買賣，產生包括壓力或焦慮在內等健康問題。	0	1	2	3
7	我曾經有強烈衝動，想過以股票投資或股票買賣為自己賺進一大桶金。	0	1	2	3
8	我於股票投資或股票買賣上，耗費越來越多時間或金錢。	0	1	2	3
9	我會埋頭於股票投資或股票買賣的時勢上，經常確認報酬率處於上升還是下降狀態。	0	1	2	3
10	我會在證券帳戶裡存滿現金時，想盡快找到某種投資方法進行投資。	0	1	2	3

● 股票成癮檢查表 1（PGSI）

○ 0 分 = 沒有成癮問題或不投資股票者

○ 1~2 分 = 低度風險

○ 3~7 分 = 中度危險

○ 8 分以上 = 成癮問題投資者

○ 評分結果在「中度風險」以上者，建議諮詢專家。

● 股票成癮檢查表 2（SAI）

○ 總分數為 0~30 分。分數越高，股票成癮的可能性越大。

○ 分數等級區間（cut-off score）尚未確定，但暫時可分類為
　10 分以上＝危險群，20 分以上＝成癮群。

○ 總分為 10 分以上時，需要更詳細的臨床判斷或諮詢。

※ 注意事項

兩種標準分別為透過不同的臨床背景和組成條件所開發而成的
工具，兩者之間的結果可能存在差異。亦即，可以理解為兩者
之間並非互相排斥，而是互補。然而，如果其中之一的檢測結
果為要求進行諮詢或詳細評估，我建議還是要向家人或相關專
家進行討論與諮詢。

另外，根據前面確認的結果，如果出現股票成癮問題或嚴重的
憂鬱和不安，進而影響到日常生活，我建議暫時中斷投資。如
評估的結果為情況嚴峻，則需儘快向家人反映，並請有關單位
給予幫助。

結語

你有看過電影《新天堂樂園》嗎？劇中主角沙瓦托成年後，時隔 30 年才重新回到了故鄉。電影的最後一個場景中，沙瓦托坐在空無一人的電影院裡回憶過去，看著被剪去的吻戲場面，沉浸在悔恨之中，配樂則是放著無論何時聽都讓人深受感動的顏尼歐・莫利克奈製作之電影配樂《Love Theme》。

文章快寫完了，我心裡也閃過了許多張面孔，首先是因賭博、股票成癮前來就診的眾多患者與家人的面孔。雖然他們的痛苦和嘆息聲讓我感到心情無比沉重，但讓我能夠治療和幫助他們將近 20 年的時間，應該是因為對於他們恢復之路上帶著的眼淚、微笑和勇氣，我無法視若無睹。

另外，我也想像了一下閱讀本書的讀者們，應該是想好好地投資並獲得出色的報酬。不知從何時起，「財富自由」這句話誘惑著我們，但實際上真正享受自由的人又有多少呢？沒錯，股票投資並不容易啊！但何止是股票呢？人生的其他部分也同樣不容易，能如自己所願的事情也並不多。原

生家庭狀況一團糟，即使努力學習成績還是墊底，又要跑兼職而沒有太多時間休息，這些燃燒著青春的人們，因為太辛苦而來到了門診就診。假如運氣好，在富裕的家庭裡出生或成為了有錢人，經濟上變得富裕的話，應該一切都會非常完美。然而，從長期作為精神科醫生的角度來看，這些人的人生也同樣不容易，苦惱沒有盡頭，眼淚也沒有乾涸的時候。

　　股票市場就像人生縮小版的模型屋，同時也是縮小版的學校、運動場、遊樂場、戰場、公演場、醫院和葬禮，而期待、興奮、成就、成長、不安、恐慌、絕望等人生中嚐到的一切滋味，都可以在這裡體驗到。因此，如果在股票市場上只是一心一意地想著賺錢，那就太傻了。股票投資的時候難道不會想到人生嗎？雖然很多投資者都會說「賺錢不就行了嗎？還有什麼比這更重要的？」但我希望有在投資的的讀者不要如此。如果是一般投資者，請不要被投資掌控，而是要與其保持一定的距離，每天關注市場行情並不會因此產生收益，不是嗎？期望讀者不要太過於投入在投資的世界裡，把投資放在一旁，平時與其保持距離，很偶爾地才靠近一些，這樣的方式反而才能看得更加透徹，投資也會更加地順利，人生也因此能多一些餘裕。一個人汲汲營營地，但終究還是要有些閒暇的時間才能更好地進行投資。建議大家有時間的

話，可以聽一下帶有朦朧又可愛氛圍的貝多芬《小提琴協奏曲第 2 號浪漫曲》，而我也於電視劇《我的大叔》重新逆行上榜時又觀賞了一遍，同時也推薦大家去尋找小時候依稀讀過的詩篇加以品味。因為在文學和藝術的世界裡，已經準備好了這些香氛精油，以緩解在股票市場上所面對的疲勞和情感消費。由於無法在書本上播放音樂或電視劇，所以我摘錄了鄭彩燦教授著作《我們稱之為人生的事物》中，所收錄的裴漢峯詩人的詩作《立春》作為代替。

那是個悲傷的事情一件一件孤寂地離開家的春日。

孤寂這個單字，

究竟有多麼地孤寂，那是個讓那孤寂深處的井水一湧而上的春日。

將盛裝以那井水燒的米飯，

那是個將整套銅碗交予我的春日。

那是個十八歲新娘懷抱著銅碗哭泣的春日。

選擇本書的讀者應該都是想好好地投資的人，那麼希望讀者們也能多閱讀一些關於金融知識、投資哲學與技術的其他好書。為了在股票市場這個複雜系統中旅行，對科學、政

治、社會的關心將是不可或缺的部分。當然，我知道如果是本書的讀者，不用誰的勸誘也會自行努力學習。希望本書能夠讓各位讀者們確立自己對投資的想法，並在各位成長的道路上起到些微的幫助。

決策和選擇是為了得到某些事物時的行為，而投資也是為了累積再累積自己的財富。然而，選擇不僅是緊緊抓住，同時也是放棄其他事情的行為。因此，為了能夠持續地投資，我們必須走上放棄慾望和貪念的朝聖者之路。當然，沒有人能夠完全地控制慾望，但越是能夠擺脫慾望，就能夠變得更加的明智。而擺脫慾望的另一種方法則是傾聽詩人的故事，反正我們不能永遠地擁有，也知道總有一天需要擺脫，但就好似那天不會到來一般地繼續生活，不知道這樣會是喜劇還是悲劇呢？

讀者朋友們，希望大家既然投資了，就務必要成功。財富自由並非終點，而是期望大家以自由為基礎，再以財富買到讓自己成長及變得成熟的人生。因為即使有錢可以買到音樂會門票，但欣賞音樂的素養卻用錢也買不到。另外，希望各位不要獨自緊抓著所擁有的餘裕和自由，試著分享給身邊的人，這樣一來，我們完全有理由，同時也值得在投資上取得成功。假如我們能夠做到這些，在那總有一天會到來的最

後一天來臨時，將能夠更好地放下人生中暫時交予自己保管的這些東西。

附錄

1. 股票投資問題的自我診斷手冊

2. **MBTI** 所使用的 **8** 種認知和 **4** 種氣質

❶ 股票投資問題的自我診斷手冊

股票投資出現問題的投資者,可以根據自己的投資經驗進行以下檢查。

剛開始投資的讀者,僅就現階段能夠回答的部分作答即可。

● 以下檢查表之問題,是為進行股票投資心理及行為相關的評價,讓投資者得以發現自己認為有問題的部分,進而找出改善策略。

1. 首先,請試著記錄自己股票投資失利的經驗。（參考個人記錄、證券公司 app 記錄完成）

期間	2022 年 4 月 ~2022 年 5 月
股票名稱	○○○○、○○、○○○○
買入理由	YouTube 某頻道推薦、證券公司每日快訊、PTT 討論區
買入均價、賣出均價	請按每支股票分別紀錄
投資金額	7000 萬韓元
整體損失金額	7000 萬韓元
目前財務狀況	○○銀行 3000 萬韓元、○○借款公司 2000 萬韓元
投資（交易）頻率	平均每日○次／每週○次／每月○次／每年○次

期間	
股票名稱	
選擇理由	
買入均價、賣出均價	
投資金額	
整體損失金額	
目前財務狀況	
投資（交易）頻率	

2. 現在，讓我們來分析一下自己的投資行為。.

投資哲學、投資者分析	我是什麼樣性格的人？能承受多少風險（參考 Part 4）？
	我的性格如何影響了我的投資行為（參考 Part 4）？
	我是以什麼樣的動機或需求（需要）進行投資的呢（參考 Part 1）？
	我是如何籌措投資所需的資金？預計的投資時長為何？ 如果投資成功的話，我打算做些什麼？為此我需要獲得什麼樣程度的報酬呢？（參考 Part 6）？
	最近壓力管理是否得當？是否處於沒有熱情或太過於敏感的狀態呢（參考 Part 8）？

	是否有屬於自己的具體投資策略呢？	Y	N
投資策略 （參考 Part 6）	我使用什麼樣的投資策略（例如價值股投資、成長股投資、動能投資、短期投資、超短打投資、其他）？		
	選擇股票標的之原則和自己對企業的見解（觀點）為何？		
	買入賣出時點的原則、目標收益率為何？		
	買入股票後，我是以何種方式追蹤該企業是否依然符合自己的預期（觀點），即如何確認該企業是否有在持續成長？		
風險管理 （參考 Part 7）	我對於股票投資是否有自己的風險管理方法	Y	N
	我的風險管理方法為何？		
行為	我曾經因投資股票而忽視了家庭或職場生活。	Y	N
	我曾經瞞着家人投資股票。	Y	N
	家人曾經非常擔心過我的股票投資情形。	Y	N
	我曾經為了投資股票進行過度貸款、信用貸款或融券。	Y	N
	我曾經為了投資股票變賣個人資產。	Y	N
	我曾經以熟人或周圍的人聽到的小道消息直接投資股票。	Y	N
	我曾經因為股票晚上無法輕易入眠。	Y	N
	我幾乎每天或經常都在進行股票交易。	Y	N
	比起大型股，我主要以暴漲股、主題股及小型股進行交易。	Y	N
	我是否經常使用或依賴證券公司推播訊息、SNS 及 PTT 討論區。	Y	N

情緒	未在投資的時候，我就會感到不安或焦慮。	Y	N
	只要不關注股市行情就會感到不安，因此完全無法將視線移開。	Y	N
	在買賣股票的過程中，我曾經感受到強烈的快感。	Y	N
	我曾經有過想透過短期股票投資大賺一筆的衝動。	Y	N
自制力問題	我曾經在投資股票虧損後，為了儘快挽回而旋即又開始股票投資。	Y	N
	我曾經未能按照自己的投資原則或計劃進行投資。	Y	N
	我曾經決心不再碰股票，但沒多久後又重新開始投資。	Y	N
想法、偏誤（參考 Part 3）	我發現自己在投資股票時主要會有什麼樣的偏誤？	Y	N
知識	我是否學習了投資股票所需的金融知識（如財務報表、各項指標、利率、景氣循環等總體經濟分析能力或產業分析能力）？		
	我主要是如何獲取股票投資所需的金融知識？		
	我尚缺什麼樣的金融知識呢？		

3. 最後，試著總結一下自己的投資問題及需要改善之處分
別為何？

投資哲學及投資者分析	
投資策略	
風險管理	
行為	
情緒	
自制力問題	
想法、偏誤（參考 Part 3）	
知識	

❷ 使用MBTI的8種認知功能和4種氣質

◆ 8 種認知功能

IS	讓自己能夠與自身溝通交流的認知模式。人們可以透過 IS 感知身體本身的韻律節奏，瞭解自身的清醒程度、瞭解自身所擁有的能量多寡、瞭解身體的哪個特定部分需要自己格外地關心留意。由於在投資方面，自我分析非常重要，如果 IS 功能不夠發達，將難以進行自我分析。 **訓練方法** 開始嘗試能夠集中於自身的運動吧！每天花 30 分鐘平躺，閉上眼睛探索全身，感受當下情緒，思考自己是否有錯過些什麼。另外，在使用電腦上網或觀察股票市場的過程中，留意自己當下的緊張感或特殊情緒。如果正處於緊張狀態的話，可以試著進行伸展運動或冥想練習吧！

ES	ES 功能與生活中的物理層面相關，即物理世界的景象、聲音、觸覺、方向和喜好等。ES 高度發達的人在準確記錄並準確記憶各種細節方面沒有困難，所以他們通常具有良好的記憶力。ES 對於瞭解股票市場趨勢方面是很重要的一個功能，因為發達的 ES 能夠幫助我們應對特定的市場狀況。然而，在沙普博士的訓練過程中，ES 功能與交易成功與否之間略有負相關。 **訓練方法** 與他人交談時，請關注他們談話的全部具體內容，並盡可能在關注其中多個隱含細節的同時，試著重複他們所說的話，就好似去瞭解各種香料其中分別的香氣及味道。另外，在聽完演奏後，也可以試著感受一下不同樂器所流淌出的音樂，會有多麼地特別而不同。
IN	IN 高度發達的人，通常能夠以多樣的角度來看待人生。IN 是在參與理論（開發方面不可或缺的角色之一，屬於少數善於就哲學、物理學以及市場整體運作方式開發新穎想法之人。能夠從多個見解角度看待股票市場趨勢尤為重要，而 IN 可以於交易困難時，讓自己看到想要看到的所有角度，亦即他可以讓你看到其觀察自己的角度、假想優秀投資者的角度、持相反態度之交易員的角度。 **訓練方法** 最好可以試著練習角色扮演，例如從別人的角度出發，思考一下與自己完全不同的觀點。
EN	幫助你在某種情況下得以看到可能性。例如，如果看到股票市場的發展趨勢後，得知了市場上正在發生一些事情，這時就會使用到 EN。如果在市場上想到了某個特定日期，即使記不住詳細訊息，卻能記住發生了什麼事情的話，就是正在使用 EN 功能。EN 高度發達的人可以輕易推測出某個問題，或是能夠想出富有想像力的解決方案。他們善於腦力激盪，不斷發想出許多新穎的點子。多數成功的交易員中，EN 都相比其他任何處理功能更處於優勢地位。 **訓練方法** 如果想促使 EN 變得發達，請按照自己的預感推測並記錄明天市場上會發生的事情。另外，試著至少想像出三種以上明天市場價格將大幅變動的劇本。

IT	能提供解決概念、創意或符號相關的問題方面的助力。IT 是像哲學推論或數學一樣邏輯性地操作創意的過程，因而在假說檢定中非常重要。是以，EN 可用於對市場提出新的概念，IT 則會透過假說檢定方式來判斷這些概念是否具有獲利能力。IT 高度發達的人大部分都會在帶著確信的狀態下開始解決問題，例如，在開發新的市場理論時，會對於具有可能性的理論抱有強烈的確信。IT 模式較凸顯的交易員們獨自工作時的成果通常會很突出，他們會對自己的邏輯加以說明，以期使結論得以正當化。在沙普博士的訓練群體中，有許多交易員相較其他任何認知功能類型，IT 功能都更佔據了優勢地位，因此 IT 功能對交易員來說非常的重要。不過，這種功能卻被發現除了真正優秀的交易員以外，其實與投資成功與否之間卻有著負向的關係，也許是因為假如沒有能力發展出有用的投資假說，IT 所具有的能力就沒有意義了。 **訓練方法** 數學學習或邏輯訓練會是不錯的選擇，或者尋找投資市場中某方面個人較感興趣的領域，並學習該領域的整體概念和用詞定義。完成這個過程後，透過比較和對照，便可以試著瞭解箇中相似與不同之處。
ET	ET 高度發達的人透過邏輯和推論，決定一系列事情的優先順序。他們在決定做什麼之前，會先權衡各個潛在解決方案的優缺點。一般來說，ET 於仔細地考慮各種組成要素時，會有一套系統性及階段性的過程。擁有強勢 ET 傾向之人，對於該如何引導自己的人生，有著強而有力的行動綱領或規則體系。他們傾向於全神貫注地完成工作，並且非常地有效率。ET 在取得最佳成就的交易員身上，為非常發達的一項認知功能。 **訓練方法** 試著在前一天晚上列出隔天想完成的事情吧。在掌握各項待辦事項的優缺點後，以能夠最有效地運用時間為基準，決定哪些是應該要進行的事項。

IF	IF 將內心深處的價值與情緒之間相互聯繫，該價值可能是私人的、抽象的，甚至是神祕的。這些價值往往與自己喜歡或討厭的東西有著強烈的聯繫。他們無視群眾，偏好以「自己的感覺」來進行交易。IF 高度發達的人可能不會進行原則性或系統性交易，因此只有接受高度情緒調控訓練時，才得以在交易上取得成果。在沙普博士的訓練群體中，IF 與交易成功與否呈現負相關，故而不太會出現優秀的交易員，也許是因為他們對於市場上發生的情況無法順應的緣故。 **訓練方法** 在開始新的計畫時，只做自己想做的事情，不管自己喜歡與否，都要跟隨自己的感覺。不要屈服於群體的壓力，不要為了接受他人而改變自己的時間或計劃。
EF	EF 有助於人與人之間的連繫。透過共享各自的經驗，認識到自己本身的價值。EF 功能佔據主導地位之人，傾向於強烈地遵守自己所屬群體的標準和價值觀，大多數機構投資人的交易員皆因具有此種特性而被選拔出來。具有 EF 功能的交易員傾向於追隨群眾，也因為如此，EF 被認為在投資上成功的可能性很小，但在沙普博士的訓練過程中，依然看到此種認知功能與交易成功與否之間表現出正向關係。 **訓練方法** 進行一個持續以別人的要求為優先的計畫，並為了能夠接受他人想要的事物而變更計劃。最後，讓自己和他們一起度過這些時間，並對他們生活中發生的事情表現出真誠的關心。

◆ 4 種氣質

SP	SP 對自由和獨立有著強烈的慾望，因此傾向於容易受到股票投資的吸引。他們不願承擔義務或以任何方式受到束縛，對他們來說理想的生活，就是在自己想做什麼的時候就去做。這些人看起來具有衝動的傾向，但其實他們自己本身就渴望衝動，因為這可以為他們帶來自由和朝氣。擁有這種氣質的人，會僅僅是為了讓情況變得更加有趣而製造危機。這種行為假如進入到股票市場後，究竟會發生什麼也將是預料之中的事。事實上，雖然 SP 占總人口中的 38% 左右，但僅佔沙普博士的訓練群體中 8.3% 而已，這是為什麼呢？沙普博士推測，具有 SP 氣質的交易員，對於深入瞭解自己並不感興趣，而只對該如何在股票市場上行動感興趣，因此不會作為交易員在股票市場中長期生存下來。SP 顯然傾向於被一個可能對自己不利事物所吸引，但長期下來他們卻無法就該事物妥善地處理及經營。 **訓練方法** SP 在股票市場上沒有太大的幫助，但在生活的很多方面卻屬於一種優秀的氣質。為了進一步發展此種氣質，讓我們練習一下在事情上更加地即興發揮，試著在一天中進行的所有事情，都只是為了有趣而已。
SJ	他們被義務感所支配，主要為了能夠有用於自己所屬的社會而存在。SJ 的性格具有極強的歸屬感，但他們屬於付出的那一方，而不是接受的那一方。SJ 傾向較強烈的人如果不具備支持他們的社會性系統（即強而有力的家庭支援），就不會期待能在這樣孤獨的投資世界裡會有多麼地幸福。SJ 的性格會不斷地尋找自己該做的事情，但在交易領域中，什麼是「該做的事情」其實並不那麼明確。實際上，在沙普博士的訓練群體中，SJ 傾向較強的交易員表現出了低於平均水平的交易業績。儘管如此，SJ 通常具有很強的職業道德，因此有助於自己克服許多困難。 **訓練方法** 就投資困難點制定應對計劃，並試想投資中可能出現的所有問題。如果能夠列出一張清單的話，可以依此嘗試事先避開問題，或者至少試想三種克服困難的方法。

NT	NT 想要預測及控制現實，因此大部分 NT 交易員難以成為良好的投資者。但假如自己的最終目標是想要成為優秀的交易員，他們則與衝動的 SP 不同，具有強大的推進力促使自己持續改善。NT 雖然只佔總人口的 2% 左右，卻在沙普博士的訓練群體佔了 45.2%，且約有 10% 左右具有 NT 傾向的交易員，其交易記錄比其他任何人都要出色。NT 經常自我批判，他們只要努力學習就一定會進步，但卻很容易落入完美主義的圈套。例如，如果 NT 的自我批評與自尊心結合在一起的話，可能會因為不滿意結果而不行動，又或是會反覆地做著相同的事情。然而透過諮商或休閒活動，可以對健康和生活產生正向影響。具有 NT 傾向的交易員會希望盡可能成為最好的交易員，所以會做出一切能對成功有助益的事情。他們對所謂的「倦怠症」（burn out）極為不敏感，所以很有可能因此導致工作成癮的情形。 **訓練方法** 一週至少一天閱讀關於股票市場的一切發展動向，並在列出 20 種改善投資的方法後，試著努力採用到每一種方法。
NF	NF 追求自我實現，即尋找存在的意義和人生的使命。他們對於自我實現、人生意義及認同感的追尋感到渴望，不斷問著「如何才能成為真正的自己呢？」NF 大多數成為作家、治療師、神職人員，通常具有出色的說服力。他們在努力追求完美願景的同時，喜歡向別人傳達自己的想法與態度。沙普博士的訓練群體中大約 16% 屬於 NF，此與總人口的 12% 相當接近。NF 會將投資視為自我學習的機會，所以能夠享受著參與市場的過程。 **訓練方法** 讓我們思考一下人生的目的，像是「如果只能再活 6 個月，你希望怎麼過？」「如果你現在所有能動用的錢都掌握在自己的手上，你會怎麼過人生？」「如何改變自己的人生和投資，以符合人生的目的和使命呢？」等。

高寶書版集團
gobooks.com.tw

RI 378

投資前一定要學會的獲利思維：如何避免決策偏誤與建立合理的常勝原則
주식은 심리다 : 투자하는 정신과 전문의의 돈 버는 주식습관

作　　者	崔森旭（최삼욱）
譯　　者	劉育辰
責任編輯	吳珮旻
封面設計	林政嘉
內頁排版	賴姵均
企　　劃	鍾惠鈞
版　　權	劉昱昕

發 行 人	朱凱蕾
出　　版	英屬維京群島商高寶國際有限公司台灣分公司
	Global Group Holdings, Ltd.
地　　址	台北市內湖區洲子街 88 號 3 樓
網　　址	gobooks.com.tw
電　　話	（02）27992788
電　　郵	readers@gobooks.com.tw（讀者服務部）
	pr@gobooks.com.tw（公關諮詢部）
傳　　真	出版部（02）27990909　行銷部（02）27993088
郵政劃撥	19394552
戶　　名	英屬維京群島商高寶國際有限公司台灣分公司
發　　行	英屬維京群島商高寶國際有限公司台灣分公司
初版日期	2023 年 9 月

國家圖書館出版品預行編目（CIP）資料

投資前一定要學會的獲利思維：如何避免決策偏誤與
建立合理的常勝原則 / 崔森旭著；劉育辰譯 . -- 初版 .
-- 臺北市：英屬維京群島商高寶國際有限公司臺灣分
公司 , 2023.09
　　面；　　公分 .--（致富館；RI 378）
譯自：주식은 심리다 : 투자하는 정신과 전문의의 돈
버는 주식습관
ISBN 978-986-506-809-7（平裝）
1.CST: 股票投資　2.CST: 投資心理學
563.5014　　　　　　　　　　　　　112013989